CONFÉRENCE MONÉTAIRE

ENTRE

LA BELGIQUE, LA FRANCE, LA GRÈCE, L'ITALIE ET LA SUISSE

EN 1878.

CONVENTION

ET

PROCÈS-VERBAUX.

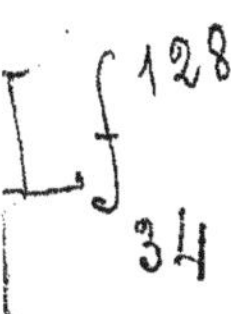

CONFÉRENCE MONÉTAIRE

ENTRE

LA BELGIQUE, LA FRANCE, LA GRÈCE, L'ITALIE ET LA SUISSE

EN 1878.

CONVENTION

ET

PROCÈS-VERBAUX.

PARIS.

IMPRIMERIE NATIONALE.

1878.

CONVENTION MONÉTAIRE

SIGNÉE À PARIS LE 5 NOVEMBRE 1878.

CONVENTION.

SA MAJESTÉ LE ROI DES BELGES, LE PRÉSIDENT DE LA RÉPUBLIQUE FRANÇAISE, SA MAJESTÉ LE ROI DES HELLÈNES, SA MAJESTÉ LE ROI D'ITALIE ET LA CONFÉDÉRATION SUISSE,

Désirant maintenir l'Union monétaire établie entre les cinq États et reconnaissant la nécessité d'apporter à la Convention du 23 décembre 1865 les modifications réclamées par les circonstances, ont résolu de conclure, à cet effet, une nouvelle convention, et ont nommé pour leurs plénipotentiaires, savoir :

SA MAJESTÉ LE ROI DES BELGES, M. EUDORE PIRMEZ, membre de la Chambre des Représentants, M. AUGUSTE GARNIER, Conseiller de la Légation de Belgique à Paris, et M. ADOLPHE SAINCTELETTE, commissaire des Monnaies;

LE PRÉSIDENT DE LA RÉPUBLIQUE FRANÇAISE, M. LÉON SAY, Ministre des finances, M. CHARLES JAGERSCHMIDT, Ministre plénipotentiaire, M. PAUL-AUGUSTE-GABRIEL MUSNIER DE PLEIGNES, Directeur du mouvement général des fonds au Ministère des finances, et M. JEAN-LOUIS-ANDRÉ RUAU, Directeur de l'Administration des monnaies et médailles;

SA MAJESTÉ LE ROI DES HELLÈNES, M. NICOLAS-P. DELYANNI, Chargé d'affaires de Grèce à Paris;

SA MAJESTÉ LE ROI D'ITALIE, M. le comte CHARLES RUSCONI, Référendaire au Conseil d'État, M. le commandeur CÉSAR BARALIS, Directeur de la Monnaie de Milan, et M. CONSTANTIN RESSMAN, Secrétaire de légation de première classe ;

LE CONSEIL FÉDÉRAL DE LA CONFÉDÉRATION SUISSE,
M. Charles Feer-Herzog, membre du Conseil national, et M. Charles-Édouard Lardy, Conseiller de la Légation suisse à Paris.

Lesquels, après s'être communiqué leurs pleins pouvoirs respectifs, trouvés en bonne et due forme, sont convenus des articles suivants :

ARTICLE PREMIER.

La Belgique, la France, la Grèce, l'Italie et la Suisse demeurent constituées à l'état d'Union pour ce qui regarde le titre, le poids, le diamètre et le cours de leurs espèces monnayées d'or et d'argent.

ART. 2.

Les types des monnaies d'or frappées à l'empreinte des Hautes Parties contractantes sont ceux des pièces de 100 francs, de 50 francs, de 20 francs, de 10 francs et de 5 francs, déterminés, quant au titre, au poids, à la tolérance et au diamètre, ainsi qu'il suit :

NATURE DES PIÈCES.	TITRE.		POIDS.		DIAMÈTRE.
	TITRE DROIT.	TOLÉRANCE du titre tant en dehors qu'en dedans.	POIDS DROIT.	TOLÉRANCE du poids tant en dehors qu'en dedans.	
	francs.	millièmes.	millième.	grammes.	millièmes.	millimètres.
Or	100	900	1	32.258 06	1	35
	50			16.129 03		25
	20			6.451 61	2	21
	10			3.225 80		19
	5			1.612 90	3	17

Les Gouvernements contractants admettront sans distinction dans leurs caisses publiques les pièces d'or fabriquées, sous les conditions qui précèdent, dans l'un ou l'autre des cinq États, sous réserve, toutefois, d'exclure les pièces dont le poids aurait été réduit par le frai de 1/2 p. o/o au-dessous des tolérances indiquées plus haut, ou dont les empreintes auraient disparu.

ART. 3.

Le type des pièces d'argent de cinq francs frappées à l'empreinte des Hautes Parties contractantes est déterminé, quant au titre, au poids, à la tolérance et au diamètre, ainsi qu'il suit :

NATURE DE LA PIÈCE.	TITRE.		POIDS.		DIAMÈTRE.
	TITRE DROIT.	TOLÉRANCE du titre tant en dehors qu'en dedans.	POIDS DROIT.	TOLÉRANCE du poids tant en dehors qu'en dedans.	
Argent.. 5 francs.	900 millièmes.	2 millièmes.	25 grammes.	3 millièmes.	37 millimètres.

Les Gouvernements contractants recevront réciproquement dans leurs caisses publiques lesdites pièces d'argent de cinq francs, sous la réserve d'exclure celles dont le poids aurait été réduit par le frai de 1 p. o/o au-dessous de la tolérance indiquée plus haut, ou dont les empreintes auraient disparu.

ART. 4.

Les Hautes Parties contractantes s'engagent à ne fabriquer des pièces d'argent de 2 francs, de 1 franc, de 50 centimes et de 20 centimes que dans les conditions de titre, de poids, de tolérance et de diamètre déterminées ci-après :

NATURE DES PIÈCES.	TITRE.		POIDS.		DIAMÈTRE.
	TITRE DROIT.	TOLÉRANCE du titre tant en dehors qu'en dedans.	POIDS DROIT.	TOLÉRANCE du poids tant en dehors qu'en dedans.	
	fr. c.	millièmes.	millièmes.	grammes.	millièmes.	millimètres.
Argent....	2 00	835	3	10 00	5	27
	1 00			5 00		23
	0 50			2 50	7	18
	0 20			1 00	10	16

Ces pièces devront être refondues par les Gouvernements qui les

auront émises, lorsqu'elles seront réduites par le frai de 5 p. o/o au-
dessous des tolérances indiquées plus haut, ou lorsque leurs empreintes auront disparu.

ART 5.

Les pièces d'argent fabriquées dans les conditions de l'article 4
auront cours légal, entre les particuliers de l'État qui les a émises,
jusqu'à concurrence de 5o francs pour chaque payement. L'État qui
les a mises en circulation les recevra de ses nationaux sans limitation
de quantité.

ART. 6.

Les caisses publiques de chacun des cinq États accepteront
les monnaies d'argent fabriquées par un ou plusieurs des autres
États contractants conformément à l'article 4, jusqu'à concurrence
de 100 francs pour chaque payement fait auxdites caisses.

ART. 7.

Chacun des Gouvernements contractants s'engage à reprendre des
particuliers ou des caisses publiques des autres États les monnaies
d'appoint en argent qu'il a émises et à les échanger contre une égale
valeur de monnaie courante en pièces d'or ou d'argent fabriquées
dans les conditions des articles 2 et 3, à condition que la somme
présentée à l'échange ne sera pas inférieure à 100 francs. Cette obligation sera prolongée pendant une année à partir de l'expiration de
la présente Convention.

ART. 8.

Le Gouvernement italien ayant déclaré vouloir supprimer ses
coupures divisionnaires de papier inférieures à 5 francs, les autres
États contractants s'engagent, pour lui faciliter cette opération, à retirer de leur circulation et à cesser de recevoir dans leurs caisses
publiques les monnaies italiennes d'appoint en argent.

Ces monnaies seront admises de nouveau dans les caisses publiques des autres États contractants, dès que le régime du cours forcé du papier-monnaie aura été supprimé en Italie.

Il est entendu que, lorsque les opérations relatives au retrait de la circulation internationale des monnaies italiennes d'appoint en argent auront été terminées, l'application des dispositions de l'article 7 sera suspendue à l'égard de l'Italie.

ART. 9.

Le monnayage des pièces d'or fabriquées dans les conditions de l'article 2, à l'exception de celui des pièces de 5 francs d'or, qui demeure provisoirement suspendu, est libre pour chacun des États contractants.

Le monnayage des pièces de 5 francs d'argent est provisoirement suspendu. Il pourra être repris lorsqu'un accord unanime se sera établi, à cet égard, entre tous les États contractants.

ART. 10.

Les Hautes Parties contractantes ne pourront émettre des pièces d'argent de 2 francs, de 1 franc, de 50 centimes et de 20 centimes frappées dans les conditions indiquées par l'article 4, que pour une valeur correspondante à 6 francs par habitant.

Ce chiffre, en tenant compte des derniers recensements effectués dans chaque État, est fixé :

Pour la Belgique, à . . . . 33,000,000^f
Pour la France et l'Algérie, à . . 240,000,000
Pour la Grèce, à 10,500,000
Pour l'Italie, à 170,000,000
Pour la Suisse, à 18,000,000

Seront imputées sur les sommes ci-dessus les quantités déjà émises jusqu'à ce jour par les États contractants.

ART. 11.

Le millésime de fabrication sera inscrit, en conformité rigoureuse avec la date du monnayage, sur les pièces d'or et d'argent frappées dans les cinq États.

ART. 12.

Les Gouvernements contractants se communiqueront annuellement la quotité de leurs émissions de monnaies d'or et d'argent, ainsi que toutes les dispositions et tous les documents administratifs relatifs aux monnaies.

Ils se donneront également avis de tous les faits qui intéressent la circulation réciproque de leurs espèces d'or et d'argent, et spécialement de tout ce qui parviendrait à leur connaissance au sujet de la contrefaçon ou de l'altération de leurs monnaies dans les pays faisant ou non partie de l'Union, notamment en ce qui touche aux procédés employés, aux poursuites exercées et aux répressions obtenues ; ils se concerteront sur les mesures à prendre en commun pour prévenir les contrefaçons et les altérations, les faire réprimer partout où elles se seraient produites et en empêcher le renouvellement.

Ils prendront, en outre, les mesures nécessaires pour mettre obstacle à la circulation des monnaies contrefaites ou altérées.

ART. 13.

Toute demande d'accession à la présente Convention, faite par un État qui en accepterait les obligations et qui adopterait le système monétaire de l'Union, ne peut être accueillie que du consentement unanime des Hautes Parties contractantes.

ART. 14.

L'exécution des engagements réciproques contenus dans la présente Convention est subordonnée à l'accomplissement des formalités et règles établies par les lois constitutionnelles de celles des Hautes Parties contractantes qui sont tenues d'en provoquer l'application, ce qu'elles s'obligent à faire dans le plus bref délai possible.

ART 15.

La présente Convention, exécutoire à partir du 1er janvier 1880 restera en vigueur jusqu'au 1er janvier 1886.

Si, un an avant ce terme, elle n'a pas été dénoncée, elle sera prorogée de plein droit, d'année en année, par voie de tacite réconduction, et demeurera obligatoire jusqu'à l'expiration d'une année après
la dénonciation qui en serait faite.

ART. 16.

La présente Convention sera ratifiée et les ratifications en seront
échangées à Paris dans le délai de huit mois, ou plus tôt si faire se
peut.

En foi de quoi, les Plénipotentiaires respectifs l'ont signée et y
ont apposé le cachet de leurs armes.

Fait en cinq expéditions, à Paris, le 5 novembre 1878.

(L. S.) *Signé :* EUDORE PIRMEZ.
(L. S.) GARNIER.
(L. S.) AD. SAINCTELETTE.
(L. S.) LÉON SAY.
(L. S.) CH. JAGERSCHMIDT.
(L. S.) P. MUSNIER DE PLEIGNES.
(L. S.) L. RUAU.
(L. S.) N.-P. DELYANNI.
(L. S.) C. RUSCONI.
(L. S.) C. BARALIS.
(L. S.) RESSMAN.
(L. S.) FEER-HERZOG.
(L. S.) LARDY.

ARRANGEMENT

RELATIF

A L'EXÉCUTION DE L'ARTICLE 8

DE LA CONVENTION MONÉTAIRE

DU 5 NOVEMBRE 1878.

Les Gouvernements de Belgique, de France, de Grèce, d'Italie et de Suisse, ayant résolu d'un commun accord d'exécuter, avant l'entrée en vigueur de la Convention monétaire conclue à la date de ce jour entre les cinq États, les dispositions contenues dans le paragraphe premier de l'article 8 de ladite Convention, dispositions ainsi conçues :

« Le Gouvernement italien ayant déclaré vouloir supprimer ses coupures divisionnaires de papier inférieures à cinq francs, les autres États contractants s'engagent, pour lui faciliter cette opération, à retirer de leur circulation et à cesser de recevoir dans leurs caisses publiques les monnaies italiennes d'appoint en argent; »

Les Soussignés, dûment autorisés, sont convenus des articles suivants :

ARTICLE PREMIER.

Le retrait des monnaies italiennes de 20 centimes, 5o centimes, 1 franc et 2 francs, qui existent en Belgique, en France, en Grèce et en Suisse, devra être achevé le 31 décembre 1879.

A partir de cette date, ces monnaies cesseront d'être reçues dans les caisses publiques des États susmentionnés.

ART. 2.

Les pièces retirées de la circulation en Belgique, en Grèce et en Suisse, seront, dans le mois qui suivra la clôture du retrait, remises au Gouvernement français, qui, se chargeant de les centraliser pour les transmettre au Gouvernement italien, en effectuera le remboursement, au comptant, aux Gouvernements des trois États précités, en y ajoutant les frais.

ART. 3.

Le compte des pièces retirées de la circulation en Belgique, en France, en Grèce et en Suisse, sera arrêté, entre la France et l'Italie, au 31 janvier 1880.

Les Gouvernements français et italien ayant évalué le montant des pièces divisionnaires italiennes existant dans les quatre États à la somme de 100 millions, dont 13 millions en Belgique, en Grèce et en Suisse, et 87 millions en France, ce compte comprendra, d'abord, jusqu'à concurrence de 13 millions au maximum, les pièces provenant de la Belgique, de la Grèce et de la Suisse, et, jusqu'à concurrence de 87 millions au maximum, les pièces retirées de la circulation en France.

Il comprendra ensuite, et séparément, l'excédant de ces sommes, s'il y a lieu.

Ladite somme de 100 millions et l'excédant éventuel prévu au paragraphe précédent seront portés au débit du Gouvernement italien dans un compte courant dont les intérêts seront réglés au taux de 3 p. o/o l'an, payables en numéraire, à partir du jour où les pièces retirées auront cessé d'avoir cours dans les quatre États.

ART. 4.

Le Gouvernement français transmettra au Gouvernement italien, dans les localités que celui-ci désignera sur la frontière française ou à Civita-Vecchia, les pièces qui auront été centralisées conformément aux articles précédents. Les monnaies provenant de la Belgique, de la Grèce et de la Suisse, seront comprises dans ces envois jusqu'à concurrence de 13 millions, et celles provenant de la France jusqu'à concurrence de 87 millions.

ART. 5.

Le remboursement par le Gouvernement italien des pièces qui lui auront été remises jusqu'à concurrence des 100 millions, formant la première partie du compte prévu à l'article 3, aura lieu à Paris. Il s'effectuera, soit en or, soit en pièces de cinq francs d'argent, soit en traites sur Paris, soit en bons du Trésor italien payables à Paris, et se fera dans les conditions suivantes :

1° Au comptant :

Pièces provenant de la Belgique, de la Grèce et de la Suisse	13,000,000^f	
Pièces provenant de la France.	17,000,000	30,000,000^f
2° Dans le courant de l'année 1881		23,300,000
Dans le courant de l'année 1882		23,300,000
Dans le courant de l'année 1883		23,400,000
TOTAL		100,000,000

Le Gouvernement italien se réserve, d'ailleurs, la faculté de se libérer par anticipation.

ART. 6.

S'il s'est produit des excédants de retrait en sus des 13 et 87 millions dont il est question aux articles 3 et 4, les pièces composant ces excédants seront tenues à la disposition du Gouvernement italien, qui en remettra la contre-valeur au comptant lorsqu'il en prendra livraison.

Il est toutefois entendu que la livraison et le remboursement s'effectueront au plus tard en même temps que la dernière des annuités spécifiées à l'article 5.

Dans le cas où, au contraire, la totalité des pièces retirées n'atteindrait pas la somme de 100 millions, la diminution dans les payements à effectuer portera sur la dernière des annuités ci-dessus spécifiées.

ART. 7.

Le Gouvernement italien s'engage, conformément à sa déclaration énoncée au paragraphe 1er de l'article 8 de la Convention monétaire conclue en date de ce jour, à retirer de la circulation et à détruire, au plus tard dans les six mois qui suivront la remise de la totalité

des pièces divisionnaires visées à l'article 5, la totalité de ses coupures
de papier inférieures à cinq francs. Il s'engage, en outre, en vue de
rétablir définitivement sa circulation métallique, à n'en point émettre
de nouvelles.

En exécution de l'article 12 de la Convention monétaire précitée,
le Gouvernement italien communiquera aux autres Gouvernements
de l'Union un état des retraits et des destructions qu'il aura effectués,
et ce dans le délai de quatre mois après l'accomplissement de ces
opérations.

Art. 8.

Le Gouvernement italien remboursera au Gouvernement français,
en même temps que la première des annuités spécifiées à l'article 5,
les frais de toute nature, y compris les frais de transport à la frontière, auxquels donneront lieu les opérations prévues par le présent
Arrangement, ces frais ne pouvant, dans aucun cas, dépasser la
somme de 250,000 francs.

Art. 9.

Le présent Arrangement sera ratifié, et les ratifications en seront
échangées, à Paris, en même temps que celles de la Convention monétaire conclue à la date de ce jour entre les cinq États.

En foi de quoi, les Soussignés ont signé le présent Arrangement et
y ont apposé le cachet de leurs armes.

Fait en cinq expéditions, à Paris, le 5 novembre 1878.

```
(L. S.) Signé : Eudore PIRMEZ.
(L. S.)        GARNIER.
(L. S.)        Ad. SAINCTELETTE.
(L. S.)        Léon SAY.
(L. S.)        Ch. JAGERSCHMIDT.
(L. S.)        P. MUSNIER DE PLEIGNES.
(L. S.)        L. RUAU.
(L. S.)        N.-P. DELYANNI.
(L. S.)        C. RUSCONI.
(L. S.)        C. BARALIS.
(L. S.)        RESSMAN.
(L. S.)        FEER-HERZOG
(L. S.)        LARDY.
```

PROTOCOLE.

Au moment de procéder à la signature de l'Arrangement relatif à l'exécution de l'article 8 de la Convention monétaire conclue à la date de ce jour entre la Belgique, la France, la Grèce, l'Italie et la Suisse, les Plénipotentiaires soussignés du Président de la République Française et de S. M. le Roi d'Italie, voulant fixer, d'un commun accord, le sens précis des mots « au comptant » insérés aux articles 5 et 6 dudit Arrangement, ont, au nom de leurs Gouvernements respectifs, décidé et arrêté ce qui suit :

1° En ce qui concerne l'article 5 :

Le remboursement, par le Gouvernement italien, des 13 millions représentant le montant des pièces divisionnaires provenant de la Belgique, de la Grèce et de la Suisse, s'effectuera dans les quinze premiers jours du mois de janvier 1880 ;

Le remboursement des 17 millions représentant le montant des pièces provenant de la France s'effectuera dans le courant de l'année 1880.

2° En ce qui concerne l'article 6 :

Le remboursement au comptant de la somme représentant la contre-valeur des pièces composant l'excédant éventuel des 100 millions s'effectuera, comme il est stipulé à l'article 5, à Paris, soit en or, soit en pièces de 5 francs d'argent, soit en traites sur Paris, soit en bons du Trésor italien payables à Paris.

Le présent Protocole, qui sera considéré comme approuvé et sanctionné par les Gouvernements respectifs, sans autre ratification spéciale, par le seul fait de l'échange des ratifications sur l'Arrangement monétaire auquel il se rapporte, a été dressé en double expédition, à Paris, le 5 novembre 1878.

(**L. S.**) *Signé :* Léon SAY.
(**L. S.**)   Ch. JAGERSCHMIDT.
(**L. S.**)   P. MUSNIER DE PLEIGNES.
(**L. S.**)   L. RUAU.
(**L. S.**)   C. RUSCONI.
(**L. S.**)   C. BARALIS.
(**L. S.**)   RESSMAN.

DÉCLARATION

RELATIVE

A LA FABRICATION DE LA MONNAIE D'ARGENT

PENDANT L'ANNÉE 1879.

Les Soussignés, Délégués des Gouvernements de Belgique, de France, de Grèce, d'Italie et de Suisse, s'étant réunis en Conférence en exécution de l'article 4 de la Déclaration monétaire du 3 février 1876 dont l'application avait été reportée, d'un commun accord, à l'année 1878, et dûment autorisés à cet effet, ont, sous réserve de l'approbation de leurs Gouvernements respectifs, arrêté les dispositions suivantes :

ARTICLE PREMIER.

Les Gouvernements de Belgique, de France, de Grèce et de Suisse s'engagent, pour l'année 1879, à ne pas fabriquer et à ne pas laisser fabriquer de pièces d'argent de cinq francs.

ART. 2.

Le Gouvernement italien est exceptionnellement autorisé à faire fabriquer, pendant l'année 1879, une somme de vingt millions de francs en pièces d'argent de cinq francs.

ART. 3.

Les cinq Gouvernements contractants s'engagent à ne pas délivrer de bons de monnaie d'argent pendant l'année 1879.

ART. 4.

La présente Déclaration, exécutoire à partir du 1er janvier 1879, sera ratifiée et les ratifications en seront échangées aussitôt que faire se pourra.

En foi de quoi, les Délégués respectifs ont signé la présente Déclaration et y ont apposé le cachet de leurs armes.

Fait en cinq expéditions, à Paris, le 5 novembre 1878.

(L. S.) *Signé* : Eudore PIRMEZ.
(L. S.)   GARNIER.
(L. S.)   Ad. SAINCTELETTE.
(L. S.)   Léon SAY.
(L. S.)   Ch. JAGERSCHMIDT.
(L. S.)   P. MUSNIER DE PLEIGNES.
(L. S.)   L. RUAU.
(L. S.)   N.-P. DELYANNI.
(L. S.)   C. RUSCONI.
(L. S.)   C. BARALIS.
(L. S.)   RESSMAN.
(L. S.)   FEER-HERZOG.
(L. S.)   LARDY.

PROCÈS-VERBAUX.

PREMIÈRE SÉANCE.

CONFÉRENCE MONÉTAIRE

ENTRE

LA BELGIQUE, LA FRANCE, LA GRÈCE, L'ITALIE ET LA SUISSE

EN 1878.

1re SÉANCE.

VENDREDI 30 AOÛT 1878.

PRÉSIDENCE DE M. LÉON SAY.

MM. les Plénipotentiaires délégués de la Belgique, de la France, de la Grèce, de l'Italie et de la Suisse s'étant réunis en conférence, le 30 août 1878, à l'hôtel du Ministère des Affaires étrangères, la séance est ouverte à deux heures après midi.

Étaient présents :

Pour la Belgique :

M. PIRMEZ, ancien Ministre de l'intérieur, membre de la Chambre des Représentants;

M. GARNIER, Conseiller de la Légation de Belgique, à Paris.

Pour la France :

M. Léon SAY, Ministre des finances;

M. Charles JAGERSCHMIDT, Ministre plénipotentiaire;

M. RUAU, Directeur de l'Administration des monnaies et médailles.

Pour la Grèce :

M. DELYANNI, Chargé d'affaires du Gouvernement hellénique, à Paris.

Pour l'Italie :

M. le comte Rusconi, ancien Ministre des Affaires étrangères;
M. le commandeur Baralis, Directeur de la Monnaie royale de Milan;
M. Ressman, Secrétaire de légation de première classe.

Pour la Suisse :

M. Feer-Herzog, ancien Président, membre du Conseil national suisse;
M. Lardy, Chargé d'affaires de la Confédération suisse à Paris.

Sur la proposition de M. Pirmez, la présidence est déférée à M. Léon Say.

M. Ernest Crampon, consul de France de première classe, et M. Henri Jagerschmidt, auditeur au Conseil d'État, sous-chef du cabinet de M. le Ministre des finances, sont chargés des fonctions de secrétaires.

MM. les Délégués de la Grèce et de l'Italie n'ayant pas encore reçu les instructions définitives de leurs Gouvernements, une conversation s'engage sur les modifications qu'il y aurait lieu d'apporter à la Convention de 1865; conversation à la suite de laquelle il est décidé que la Conférence ajourne au 1er octobre sa prochaine réunion.

La séance est levée à cinq heures et demie.

Le Président,
Signé : Léon SAY.

Les Secrétaires,

Signé : Ernest Crampon.
Henri Jagerschmidt.

DEUXIÈME SÉANCE.

CONFÉRENCE MONÉTAIRE

ENTRE

LA BELGIQUE, LA FRANCE, LA GRÈCE, L'ITALIE ET LA SUISSE

EN 1878.

2ᵉ SÉANCE.

MARDI 1ᵉʳ OCTOBRE 1878.

PRÉSIDENCE DE M. LÉON SAY.

Étaient présents, MM. les Délégués

de la Belgique,

de la France,

de la Grèce,

de l'Italie,

de la Suisse,

qui assistaient à la première séance, à l'exception de MM. FEER-HERZOG et GARNIER, qui se font excuser de ne pouvoir se réunir aujourd'hui à leurs collègues.

La séance est ouverte à 2 heures.

M. LE PRÉSIDENT présente à la Conférence un nouveau délégué français, M. MUSNIER DE PLEIGNES, directeur du mouvement général des fonds au Ministère des finances, qui s'était trouvé dans l'impossibilité d'assister à la première réunion.

Après lecture et adoption du procès-verbal de la première séance, M. le Président rappelle quel est l'objet de la Conférence.

La Convention monétaire de 1865 est sur le point d'expirer. Il s'agit de savoir si cette convention sera renouvelée et à quelles conditions elle pourra l'être. Sans doute, rien n'est plus désirable que le maintien de l'Union dite *latine*. Mais les événements monétaires considérables qui ont eu lieu depuis 1865, les graves perturbations qui se sont produites sur le marché des métaux, les changements qui ont été apportés au régime des monnaies dans divers États, et les atteintes mêmes que cette convention a déjà subies, ne permettent pas de penser qu'elle puisse être renouvelée sans de profondes modifications.

Quelles seront ces modifications? C'est ce qu'il y a lieu de rechercher.

Il importe, avant tout, de fixer l'ordre des travaux de la Conférence. On pourrait procéder de deux manières : préparer dès à présent un avant-projet de convention ou prendre comme base de la discussion le texte même de la Convention de 1865. M. le Président pense que cette dernière méthode est la meilleure. Il lui semble qu'il y aurait des inconvénients à esquisser trop tôt une rédaction qui ne pourrait être conservée, et qu'il serait préférable de suivre dans la discussion le texte de la Convention.

Les clauses de cet acte international peuvent être rangées sous quatre chefs principaux :

1° Le régime de l'or ;

2° Le régime de l'argent ;

3° Le régime des monnaies divisionnaires ;

4° La durée de la Convention.

Mais les questions que soulèvent ces quatre points ne sont sans doute pas les seules que la Conférence aura à résoudre. Il en est d'autres, d'un très grand intérêt, que la Convention de 1865 n'a pas touchées ; et, d'après les pourparlers déjà échangés, on peut, dès à présent, prévoir qu'elles se poseront d'elles-mêmes au cours des débats. Il est certain que, en prévision de l'expiration de la Convention, à quelque époque qu'elle doive avoir lieu, on doit nécessairement se demander comment on en sortira et quelles mesures il conviendrait de prendre pour liquider alors la situation.

Il est à remarquer, ajoute M. le Président, que les difficultés inhérentes à cette opération entrent, dès aujourd'hui, dans les éléments du débat, et que la solution de cette importante question est de nature à exercer une influence déterminante sur les résolutions à prendre quant au renouvellement même de la Convention. En effet, toutes ces questions : régime de l'or et de l'argent, régime des monnaies divisionnaires, durée de la Convention, liquidation, sont étroitement liées les unes aux autres. Il faut même s'attendre à les voir surgir ensemble, et quelquefois se mêler dans la discussion. Mais il paraît à M. le Président que le meilleur moyen de mettre de l'ordre dans le travail de la Conférence, c'est de prendre l'objet de ses délibérations successives dans la suite même des articles de la Convention de 1865.

Après un échange d'observations entre MM. Ressman, Jagerschmidt, Pirmez et Landy, la Conférence adhère à la proposition de M. le Président.

En conséquence, il est donné lecture du paragraphe 1er de l'article 1er de la Convention de 1865, ainsi conçu :

La France, la Belgique, l'Italie et la Suisse sont constituées à l'état d'Union pour ce qui regarde le poids, le titre, le module et le cours de leurs espèces monnayées d'or et d'argent.

M. Pirmez fait remarquer que, indépendamment des points qu'a signalés M. le Président comme devant être mis en discussion, il est une question importante qui se rattache à toutes les autres, car elle s'applique à tout le système monétaire, celle de savoir quelle doit être dans l'Union la situation des pays soumis au régime du papier-monnaie. Il constate les graves conséquences que l'établissement en Italie du régime du papier-monnaie a eues pour les autres États de l'Union. Ceux-ci ont été envahis par une affluence de pièces de 5 francs aujourd'hui intrinsèquement dépréciées et de monnaies divisionnaires. Toute tentative de faire reprendre par l'Italie sa monnaie divisionnaire, conformément à l'art. 8 de la Convention, serait sans résultat, parce que les spéculateurs, sûrs de réaliser un gain de 10 ou 12 p. o/o, réimporteraient immédiatement cette monnaie dans les autres États de l'Union qui auraient cru s'en débarrasser.

Cet état de choses appelle l'attention de la Conférence à un double point de vue : d'abord, relativement aux États qui ont le régime du cours forcé, pour obtenir que, s'ils ne peuvent le supprimer, ils en atténuent au moins les conséquences et surtout ne les aggravent dans aucun cas ; et, ensuite, relativement aux États qui seraient portés à adopter ce régime, de telle façon que, s'ils l'adoptent, il ne nuise pas à l'Union. Sans doute l'état actuel de la circulation monétaire dans l'Union est satisfaisant ; mais il est inespéré, et l'on ne peut pas dire qu'il n'y ait pas un danger persistant et toujours imminent dans la quantité excessive des pièces d'argent accumulées dans certaines parties de l'Union, et dont l'existence se révèle surtout à la Banque de France. C'est là certainement un mal, et on doit l'attribuer principalement au système monétaire de l'Italie.

M. le Président désirerait que M. Pirmez précisât davantage ses conclusions. La perturbation causée par le cours forcé n'est pas douteuse. Cependant, en fait, l'Union s'est maintenue, bien que, pendant la durée de la Convention, le cours forcé du papier-monnaie ait existé dans plusieurs pays. M Pirmez voudrait-il qu'on modifiât le *statu quo*, ou demande-t-il seulement que, le *statu quo* étant maintenu, des précautions soient prises pour l'avenir ?

M. Pirmez, admettant tous les délais et tempéraments que comporte la situation, demande seulement qu'on recherche des garanties pour l'avenir.

M. Ressman dit que les observations de M. Pirmez soulèvent une question grave et difficile, celle de la cessation du cours forcé.

Le Gouvernement italien, on n'en saurait douter, désire plus que personne y arriver. Tous ses efforts tendent vers ce but. Mais le remède est plus facile à indiquer qu'à appliquer. Quels engagements peut-on demander à cet égard au Gouvernement italien ? Cela dépend de la durée qui sera donnée à la Convention. L'Italie ne peut rien promettre à bref délai. Si on lui donne le temps, le Gouvernement pourra peut-être, M. Ressman le dit sous toutes réserves, prendre un engagement pour le retrait des petites coupures, et accepter des stipulations qui remédieraient, dans une certaine mesure, aux inconvénients de la situation actuelle.

Enfin, sans anticiper sur les discussions qui se produiront ultérieurement, on peut prévoir, d'après les pourparlers auxquels M. le Président a fait allusion tout à l'heure, que, au sujet des pièces de 5 francs, la question de la liquidation, c'est-à-dire de la reprise par chacun des États coassociés, à l'expiration de la Convention, des pièces de 5 francs d'argent qu'il aurait émises, s'imposera à l'examen des délégués. Or, la solution de cette question serait singulièrement facilitée par le retrait des petites coupures, qui serait un premier pas fait dans la voie conduisant naturellement à la résorption des pièces de 5 francs.

M. Pirmez déclare que le Gouvernement belge est disposé à admettre des délais, et que, pour sa part, il ne peut qu'être satisfait de la tendance que révèlent, de la part du Gouvernement italien, les explications données par M. Ressman.

M. le Président dit qu'il lui semble résulter des observations qui viennent d'être échangées, que la Conférence ne croit pas qu'il y ait lieu de modifier l'article 1er en raison des différences qui existent dans le régime monétaire des cinq États au point de vue du cours forcé du papier-monnaie.

M. Delyanni, répondant aux observations de M. Pirmez, concernant les États de l'Union privés de circulation métallique, donne quelques explications sur le cours forcé du papier-monnaie en Grèce.

Le Gouvernement hellénique, dit-il, ayant contracté, l'année dernière, un emprunt avec la Banque nationale et la Banque ionienne, s'est trouvé dans l'obligation de concéder à ces deux banques le privilège du cours forcé de leurs billets jusqu'au remboursement de cet emprunt.

M. le Délégué du Gouvernement hellénique, pour prouver que le cours forcé du papier-monnaie n'a pas en Grèce l'importance qu'il peut avoir dans d'autres pays, communique à ses collègues, à titre de renseignement, quelques chiffres qui leur permettront de se rendre compte de la situation monétaire en Grèce.

La somme pour laquelle des billets ont été émis est actuellement de 73 millions; le maximum des émissions autorisées est de 78 millions, et les deux banques ont une encaisse métallique de 16 millions environ. Avant l'établissement du cours forcé, il y avait pour 45 millions de billets en circulation; le stock du papier-monnaie n'a donc été augmenté, par suite du cours forcé, que de 28 millions. Les billets des banques helléniques n'ont pas de coupures inférieures à dix francs.

M. Delyanni ajoute que son Gouvernement, désirant faire cesser en Grèce le plus tôt possible le cours forcé, dont il reconnaît les inconvénients, recherche activement les moyens les plus propres à atteindre ce but. Il espère y arriver par la conclusion d'un autre emprunt; mais il ne peut pas prendre d'engagement formel à cet égard, ni fixer dès aujourd'hui l'époque à laquelle les résultats qu'il poursuit pourront être obtenus.

Sur la demande de M. Pirmez, M. Ressman donne, de son côté, quelques renseignements sur le montant du stock de papier-monnaie en Italie. Il fait connaître qu'à la date du 7 septembre la circulation des billets était composée comme suit :

Coupures de 50 centimes............	11 millions
———— de 1 franc..., ...	37
———— de 2 francs...............	64
———— de 5 francs...............	199

Les maxima de l'émission autorisée par décret royal étaient :

Pour les coupures de 50 centimes.....	15 millions.
———————— de 1 franc........	50
———————— de 2 francs.......	70
———————— de 5 francs.......	200

M. Baralis ajoute que, pour les billets d'une valeur supérieure à 5 francs, il peut donner, à défaut de la somme des billets actuellement en circulation, les chiffres maxima dans la limite desquels l'émission est autorisée par décret royal du 26 février 1875, soit :

Billets de 1000 francs pour..........	200 millions.
———— 250 francs pour..........	100
———— 100 francs pour..........	75
———— 20 francs pour..........	50
———— 10 francs pour..........	240

M. Ruau appelle l'attention de la Conférence sur l'expression générale « espèces monnayées d'or et d'*argent* », expression qui comprend les pièces de 5 francs et les pièces divisionnaires à titre réduit. Il est d'avis que ces dernières devraient, comme les monnaies de billon, être exclues de la nouvelle convention.

Après un échange d'observations, à ce sujet, entre M. Ruau et M. Ressman, la Conférence décide que la question est réservée jusqu'au moment où le régime de la monnaie divisionnaire sera mis en discussion.

La Conférence décide que le second paragraphe de l'article 1er, ainsi conçu :

Il n'est rien innové, quant à présent, dans la législation relative à la monnaie de billon, pour chacun des quatre États,
n'a pas de raison d'être et qu'il convient de le supprimer.

Lecture est ensuite donnée de l'article 2 de la Convention de 1865, relatif au régime de l'or et ainsi conçu :

Les Hautes Parties contractantes s'engagent à ne fabriquer, ou laisser fabriquer, à leur empreinte, aucune monnaie d'or dans d'autres types que ceux des pièces de 100 francs, de 50 francs, de 20 francs, de 10 francs et de 5 francs, déterminés, quant au poids, au titre, à la tolérance et au diamètre, ainsi qu'il suit :

NATURE DES PIÈCES.	POIDS.		TITRE.		DIAMÈTRE.
	POIDS DROIT.	TOLÉRANCE de poids, tant en dehors qu'en dedans.	TITRE DROIT.	TOLÉRANCE du titre, tant en dehors qu'en dedans.	
	grammes.	millièmes.	millièmes.	millièmes.	millimètres.
100f	32,258 06	1			35
50	16,129 03				28
Or.......... 20	6,451 61	2	900	2	21
10	3,225 80				19
5	1,612 90	3			17

Elles admettent sans distinction dans leurs caisses publiques les pièces d'or fabriquées, sous les conditions qui précèdent, dans l'un ou l'autre des quatre États, sous réserve toutefois d'exclure les pièces dont le poids aurait été réduit par le frai de 1/2 p. 0/0 au-dessous des tolérances indiquées ci-dessus ou dont les empreintes auraient disparu.

M. le Président propose à la Conférence de renoncer à la frappe des pièces d'or de 5 francs. Il fait observer que ces pièces sont peu goûtées du public et encombrent l'encaisse métallique de la Banque ; elles perdent très-vite leur poids droit, par l'usure, et nécessitent de fréquentes refontes ; il n'y a, d'ailleurs, aucun avantage à les conserver.

Le principe de la suppression des pièces d'or de 5 francs est admis par la Conférence, sous cette réserve qu'il sera formulé dans un article spécial et que, dans l'article 2, la mention de cette monnaie, mention qui n'est d'ailleurs que la constatation d'un fait, sera maintenue pour ne pas nuire à la circulation des pièces existantes.

M. Pirmez appelle l'attention de la Conférence sur la question du cours légal de la monnaie d'or et sur celle du frai des pièces d'or.

La Convention de 1865 a seulement stipulé l'admission, dans les caisses publiques de tous les États, des pièces d'or fabriquées dans les conditions de l'article 2. Ne pourrait-on pas, dit M. Pirmez, leur accorder le cours légal dans tous les pays de l'Union, sans étendre ce privilège à la monnaie d'argent? Le Gouvernement belge adopterait volontiers ce système, à la condition toutefois que l'entretien de la monnaie d'or devînt, pour l'avenir, une charge commune et que, dorénavant, l'État dans lequel l'usure des pièces serait faite ne pût pas rejeter la charge de leur refonte sur l'État qui les aurait fabriquées.

A cet égard, M. Pirmez insiste sur la nécessité de ne pas trop tarder à procéder à la refonte des pièces usées par le frai. Les expériences qu'il a fait faire en Belgique lui ont permis de constater que seize pièces sur mille environ se trouvaient au-dessous des tolérances légales. Il importerait donc de prendre dès à présent des mesures à ce sujet, soit qu'on adoptât la méthode anglaise, qui consiste à faire couper les pièces aux dépens du porteur, soit qu'on suivît le système en vigueur en Allemagne, où les pièces qui ne sont plus de poids sont refondues aux frais de l'État, soit enfin qu'on laissât chaque pays libre de procéder comme il lui conviendrait, sans se prononcer entre les différents systèmes. L'usure ancienne resterait, dans tous les cas, une charge à régler séparément. Quoi qu'il en soit, et à quelque parti qu'on s'arrête, M. Pirmez demande que des mesures soient prises quant à la refonte des pièces dont le poids a été réduit par l'usure.

M. le Président dit que la question du cours légal des monnaies d'or soulève des difficultés assez sérieuses. Il a cru devoir consulter à ce sujet la Banque de France, qui n'a pas encore fait connaître son opinion. Mais il résulte dès à présent des informations qui lui sont parvenues, que, dans plusieurs succursales du Nord on s'est plaint d'une surabondance de monnaies d'or provenant d'une fabrication excessive en Belgique. Si, par suite de certaines conditions spéciales de l'entreprise des monnaies, la spéculation peut en surexciter et accélérer la fabrication d'une manière factice au delà des besoins réels, il deviendrait difficile d'adopter, sans de grands inconvénients, le cours légal des pièces d'or. Tout au moins serait-il nécessaire, si l'on entrait dans cette voie, que l'on s'entendît pour fixer des conditions identiques d'émission et des tarifs identiques de fabrication dans tous les pays de l'Union.

Quant à l'usure des pièces par le frai et aux divers modes de procéder indiqués par M. le Délégué de la Belgique, M. le Président se déclare disposé à admettre, en principe, que l'entretien de la monnaie, qui s'use au profit de tout le monde, doit être à la charge de l'État. Mais, si cette question n'était pas réglée de la même manière dans tous les pays de l'Union, on s'exposerait à ce que les pièces qui ne sont plus de poids fussent toutes importées dans celui où elles ne seraient pas coupées aux dépens du porteur. Il serait donc nécessaire de stipuler, d'une part, l'identité des modes de fabrication, et, d'autre part, l'identité des principes qui régleraient les charges de l'usure en répartissant la dépense entre tous les États.

M. Ruau insiste sur les inconvénients du tarif de fabrication belge, qui, d'après les déclarations de M. Pirmez, ne comporte pas une échelle de prix variant suivant la nature des pièces, et qui, par ce fait, se trouve plus élevé que le tarif français.

M. Pirmez déclare que le Gouvernement belge n'attache pas d'importance à ce que la quantité de pièces d'or fabriquées à la Monnaie de Bruxelles soit plus ou moins grande. Toutefois, il ne croit pas que l'adoption du cours légal doive nécessairement entraîner l'identité des tarifs de fabrication. Pour lui, la fabrication suit les besoins réels et s'y conforme. Tout est réglé par les lois de l'offre et de la demande. Si un entrepreneur s'avisait de frapper une trop grande masse de monnaies, la quantité qui excéderait les besoins n'aurait pas plus de valeur qu'un lingot, et les frais de fabrication resteraient à sa charge. La liberté, en matière de fabrication de monnaie, ne présente pas plus d'inconvénients que la liberté commerciale en toute autre matière.

M. le Président reconnaît la justesse des principes de M. Pirmez sur la liberté commerciale. Mais ce n'est pas un régime de liberté que celui qui pousse un entrepreneur à réaliser certains profits que sa situation privilégiée lui assure. Sans doute, au bout d'un certain temps, l'équilibre se rétablit entre la demande réelle et la fabrication normale; mais il n'en est pas moins rompu brusquement à de certains moments : de là des écarts dans le cours du change, une hausse ou une baisse de l'intérêt, dont, en définitive, le public souffre toujours.

Quels inconvénients y aurait-il à s'entendre pour établir partout la fabrication en régie? On écarterait ainsi, dit M. le Président, une spéculation uniquement fondée sur l'abandon par l'État de son droit de fabrication.

M. Babalis ne saurait partager les idées émises par M. le Président quant à l'identité des méthodes de fabrication. Il estime que, en cette matière, il faut laisser chaque État libre d'agir à sa guise. Si le titre, le poids, le module des pièces peuvent être réglés par une loi internationale, il n'en est pas de même, à son avis, des conditions de fabrication.

Le principe de l'identité des tarifs ne lui paraît pas applicable. Les États ne sont pas tous dans la même situation au point de vue de la fabrication : chez les uns, le charbon coûte plus cher, les salaires sont plus élevés, l'outillage est moins perfectionné que chez les autres. Pour avoir l'identité des tarifs, il faudrait décréter l'identité des salaires; c'est un projet bien difficile, pour ne pas dire impossible, à réaliser.

En Italie, les deux systèmes, celui de la régie et celui de l'entreprise, étaient autrefois pratiqués dans les divers hôtels des Monnaies et différemment suivant les divers États. Quand le royaume d'Italie a été constitué, on a d'abord uniformément adopté, dans tous les établissements, le second système, et l'entreprise a été confiée à la Banque nationale, afin d'effectuer dans le plus bref délai possible la réforme monétaire générale. Plusieurs hôtels des Monnaies ont été ensuite supprimés, et l'on a réuni leur matériel dans le vaste établissement de Milan, qui était le plus apte à se charger d'une grande fabrication. Le contrat passé avec la Banque nationale vient d'expirer. Il n'existe donc plus en Italie que deux hôtels des Monnaies, celui de Milan, qui est maintenant administré pour le compte de l'État, et celui de Rome, qui l'a toujours été.

M. Lardy déclare que le Gouvernement fédéral est favorable, en principe, au cours légal des monnaies d'or. Ce qui avait conduit, en 1865, à stipuler seulement l'admission dans les caisses publiques des monnaies étrangères, c'était la crainte qu'elles ne fussent repoussées par les particuliers. Aujourd'hui le public les reçoit très facilement, et on ne redoute qu'une chose, c'est de ne pas les voir acceptées par la Banque de France.

M. Lardy fait connaître que, en ce qui touche la fabrication de la monnaie, le régime légal en Suisse est la fabrication par l'État; mais, en fait, par suite de l'insuffisance de l'outillage actuel, les banquiers ont coutume de faire frapper à la Monnaie de Bruxelles ou à celle de Paris les pièces d'or dont ils ont besoin. Il ne pense pas qu'il soit nécessaire de faire de la question de fabrication l'objet d'une stipulation internationale.

Quant à la question de la refonte à frais communs des pièces usées par le frai, il sera dans l'obligation de demander des instructions spéciales à son gouvernement et doit faire, quant à présent, toutes réserves à ce sujet.

M. le Président résume en quelques mots la discussion et termine en disant que le Gouvernement français ne peut pas s'engager dès à présent, sur cette question du cours légal des monnaies d'or, qu'il considère, d'ailleurs, comme subordonnée aux deux autres questions qui viennent d'être traitées, celle de l'identité des modes de fabrication et celle d'un règlement en commun des charges de l'usure.

M. Ressman déclare que les instructions du Gouvernement italien tendent également à demander le cours légal pour les pièces de 5 francs d'argent comme pour les monnaies d'or. S'il fait dès maintenant cette déclaration, c'est qu'il pense qu'elle est de nature à influer sur la solution de la question actuellement débattue.

M. le comte Rusconi ajoute que les deux questions sont liées l'une à l'autre. Si on donne le cours légal à la monnaie d'or en le refusant à la monnaie d'argent, on peut dire que ce n'est pas seulement la mise en suspicion de l'argent, mais la condamnation de ce métal qui aura été prononcée.

M. Ruau propose à la Conférence de réduire la tolérance du titre pour les monnaies d'or. Il rappelle, à l'appui de cette mesure, les discussions dont elle a déjà été l'objet en 1865, et, plus récemment, dans la Conférence de 1876. Aujourd'hui que les administrations des Monnaies des États de l'Union ont unanimement reconnu en fait, et d'après leur propre expérience, la possibilité d'améliorer, sous ce rapport, la fabrication des monnaies d'or, rien ne s'oppose plus, selon lui, à ce que cette amélioration soit stipulée dans la nouvelle convention.

Sur la proposition de M. Ruau, appuyée par MM. Sainctelette et Baralis, la Conférence décide que la tolérance du titre sera réduite, pour les monnaies d'or, de 2/1000 à 1/1000.

M. le Président propose, puisqu'il n'est pas possible de prendre dès à présent une résolution au sujet du cours légal de la monnaie d'or, de passer à l'examen de l'article 3 de la Convention de 1865, relatif au régime de l'argent et ainsi conçu :

Les Gouvernements contractants s'obligent à ne fabriquer ou laisser fabriquer des pièces d'argent de cinq francs que dans les poids, titre, tolérance et diamètre déterminés ci-après :

POIDS.		TITRE.		DIAMÈTRE.
POIDS DROIT.	TOLÉRANCE DU POIDS, tant en dehors qu'en dedans.	TITRE DROIT.	TOLÉRANCE DU TITRE, tant en dehors qu'en dedans.	
grammes.	millièmes.	millièmes.	millièmes.	millimètres.
25	3	900	2	37

Ils recevront réciproquement lesdites pièces dans leurs caisses publiques, sous la réserve d'exclure celles dont le poids aurait été réduit par le frai de 1 p. 0/0 au-dessous de la tolérance indiquée plus haut ou dont les empreintes auraient disparu.

M. le Président rappelle que cet article 3 établissait une Union pour les pièces d'argent de 5 francs sous le régime de la fabrication illimitée. Les évènements monétaires survenus depuis cette époque ont obligé les États de l'Union à modifier complètement ce système. On ne peut songer à abandonner la politique actuelle en renonçant à la suspension du monnayage de l'argent; mais, en même temps qu'on maintiendrait le *statu quo*, il faudrait, selon lui, donner à la Convention une certaine élasticité, qui permît, si la situation du marché monétaire se modifiait, de reprendre la frappe de l'argent.

M. Baralis déclare qu'il doit faire sur ce point, au nom de son Gouvernement, d'importantes réserves.

Le Gouvernement italien ne peut pas s'engager à ne plus frapper d'argent. En premier lieu, il a besoin d'en fabriquer pour arriver au retrait des petites coupures. En second lieu, et c'est là surtout ce qui détermine sa résolution, il lui reste encore un stock d'anciennes monnaies non décimales, de pièces bourboniennes, retirées ou à retirer de la circulation, qu'il a le droit et le devoir de refondre et de remplacer par de nouvelles pièces à l'effigie du nouveau Roi. Ce n'est pas un gain que le Gouvernement italien cherche à réaliser par cette opération; ce qu'il désire avant tout, c'est de pouvoir supprimer, dans un certain délai, le cours légal des pièces qui se trouvent en dehors des conditions de la Convention de 1865. Sa prétention, à cet égard, est si légitime qu'elle rencontrera, il l'espère du moins, l'assentiment de la Conférence.

M. Pirmez demande à quel chiffre on peut évaluer le stock de ces anciennes monnaies qui existeraient, soit dans la circulation, soit dans les caisses de l'État.

M. Baralis répond qu'il est impossible de faire cette évaluation. Les monnaies dont il s'agit rentrent peu à peu par les douanes. Il en existe certainement, à Malte, en Égypte et en Italie même, une grande quantité qui se dérobe à toute investigation. On ne trouve pas d'états de frappe réguliers pour les monnaies de l'ancien Royaume des Deux-Siciles : aussi est-ce avec une grande hésitation qu'on doit donner même un chiffre approximatif. D'après l'estimation la plus probable, ce stock atteindrait quatre-vingts ou cent millions.

M. Ressman fait observer que la demande de l'Italie de frapper un certain contingent de monnaies d'argent est intimement liée à la question de la liquidation. Ce serait une première compensation pour les charges que cette opération lui imposerait, en admettant qu'il lui fût possible de l'accepter. Mais l'engagement éventuel de procéder à une liquidation dans l'avenir irait, dans sa pensée, jusqu'à justifier la demande d'une frappe illimitée, puisque l'Italie contracterait alors l'obligation de reprendre au bout d'un certain temps l'argent qu'elle aurait frappé.

M. le comte Rusconi ajoute que la liquidation que l'Italie serait peut-être disposée à accepter, à de certaines conditions, ne peut être considérée que comme une charge volontaire. En l'assumant, l'Italie montre de quel esprit elle est animée et témoigne de sa bonne foi ; mais, en droit strict, elle n'y est pas obligée.

Qu'on veuille bien y regarder de près, dit M. le comte Rusconi, et l'on verra que, si l'on prétendait faire reposer la liquidation sur un principe de droit, la première déduction de ce principe conduirait tout de suite à l'absurde ; le principe s'appliquerait aussi bien à l'or qu'à l'argent. Les alliés de l'Italie pourraient lui demander de reprendre ses monnaies d'or en circulation chez eux, avec tout autant de raison qu'ils lui demandent de reprendre ses monnaies d'argent. Or, comment un pays soumis au cours forcé, comment l'Italie pourrait-elle racheter toutes les monnaies qu'elle a frappées ? Avec quoi le ferait-elle ? Y a-t-il, à côté de l'or et de l'argent, un troisième métal au moyen duquel elle pourrait s'acquitter ? Non. Quel moyen aurait-elle donc d'opérer ce retrait, dont on lui ferait une obligation, autrement que par la vente même du sol, par l'abandon de son territoire ? Limiter la réclamation aux seules monnaies d'argent, parce que l'argent est actuellement en baisse, ce n'est pas faire l'application d'un principe ; c'est uniquement répondre à une convenance passagère, à l'intérêt du moment. Si la liquidation impliquait pour chaque État le devoir de reprendre, à l'expiration de la convention, sa monnaie en circulation chez ses confédérés, elle entraînerait aussi bien la reprise des monnaies d'or que celle des monnaies d'argent. On voit par cela même, et aussi par ce fait, que la Convention de 1865 est restée complètement muette sur cet article, que l'Italie n'a aucune obligation à ce sujet. Ce qu'elle est disposée à faire sous certaines réserves, elle le ferait de son plein gré, par esprit de conciliation. Mais on comprendra aussi qu'en acceptant une telle charge elle a bien le droit d'obtenir à son tour des concessions en échange du lourd sacrifice qu'elle s'imposerait.

M. le Président est d'avis que la question n'est pas aussi simple que semblent le croire MM. les Délégués de l'Italie. S'il ne s'agissait que de faire au Gouvernement italien une avance, de lui donner certaines facilités, ses alliés monétaires y consentiraient sans doute volontiers. Mais il faut se placer à un autre point de vue et voir les conséquences qu'une pareille mesure pourrait entraîner pour les autres États de l'Union. En France, l'augmentation de l'encaisse d'argent de la Banque, qui se produirait certainement, présenterait de grands dangers ; il en résulterait une diminution dans la proportion de l'or sur l'encaisse total. Or, le taux de l'escompte est actuellement déterminé par la situation de l'encaisse d'or ; l'encaisse d'argent n'a plus d'effet à cet égard. Toute augmentation de l'encaisse d'argent a donc pour résultat de rendre plus incertaines les réserves de la Banque. La fixité du cours de l'escompte et, par suite, la situation du commerce pourraient en être sérieusement compromises. La promesse faite par l'Italie de rembourser les monnaies qu'on l'autoriserait à mettre en circulation ne suffirait pas pour rendre acceptable une mesure dont les effets aggraveraient si dangereusement une situation déjà très tendue.

M. Ressman rappelle que, dans la Conférence internationale réunie sur l'invitation des États-Unis, M. le Président a déclaré que la suspension du monnayage de l'argent en France ne devait pas être considérée comme un pas vers l'étalon d'or unique, mais comme une simple halte, en attendant le moment de rentrer dans la pleine et entière pratique du double étalon. Telle est également la pensée du Gouvernement italien. Ne peut-on pas dès lors espérer que la reprise des payements en espèces et la résorption de l'argent par l'Italie et par l'Autriche, le jour où cette puissance reviendrait de son côté à la circulation métallique, amèneraient l'amélioration désirée dans la condition de l'argent? N'y a-t-il pas là une raison de seconder les efforts de l'Italie? D'ailleurs, M. Ressman ne croit pas que l'attribution d'un contingent de fabrication à un seul État, puisque les autres n'en demandent pas, puisse avoir des effets aussi dangereux qu'on veut bien le dire. Il espère que la Conférence reconnaîtra l'importance considérable des concessions que l'on a réclamées de l'Italie lors des pourparlers précédents et qu'elle pourrait être amenée à faire pour donner satisfaction à ses alliés. Ainsi, l'engagement de retirer, dans un certain délai, les billets au-dessous de 5 francs, de reprendre la monnaie divisionnaire italienne en circulation dans les autres États, dès l'entrée en vigueur de la nouvelle convention, et de prendre des mesures efficaces en vue de la cessation complète du cours forcé, est un engagement qui créerait à l'Italie, on en conviendra, de lourdes difficultés, dont il serait juste et nécessaire de lui tenir compte. Or, la demande d'un contingent de fabrication ne serait qu'une des moindres compensations parmi celles que l'Italie serait dans la nécessité de réclamer après de tels sacrifices.

M. Pirmez répond que la fabrication par le Gouvernement italien d'un nouveau contingent de pièces de 5 francs ne pourrait être avantageuse pour lui que dans le cas où elle serait dangereuse pour ses alliés, c'est-à-dire dans l'hypothèse d'une continuation de la baisse de l'argent. Elle constituerait alors un grave péril pour tous les États de l'Union. Malgré la baisse énorme de l'argent, on est parvenu à maintenir jusqu'à présent d'une manière factice une circulation satisfaisante : c'est là un résultat assurément extraordinaire. Mais n'est-on pas arrivé à l'extrême limite de ce que peuvent produire de pareils efforts? La moindre charge ne peut-elle pas faire pencher la balance? La reprise des payements en espèces par l'Italie mettrait un poids dans l'un des deux plateaux et consoliderait définitivement notre situation ; mais le poids jeté dans l'autre plateau par la frappe d'une certaine quantité d'argent pourrait rompre l'équilibre, en compromettant toute la situation. C'est là, dit M. Pirmez, un danger d'une nature telle qu'il est impossible de consentir à s'y exposer volontairement.

M. Ressman pense qu'il y aurait un moyen d'atténuer ce danger, dont il conteste d'ailleurs la gravité : ce serait de répartir sur un certain nombre d'années le contingent qui serait accordé à l'Italie, et peut-être même de fixer ce contingent année par année.

M. Lardy convient que ce serait là un correctif. Mais, quoi qu'il en soit, la question soulevée par MM. les Délégués italiens est des plus graves. Le monnayage d'un contingent quelconque d'argent ne lui paraît pas pouvoir se concilier avec les instructions qu'il a reçues du Gouvernement fédéral. Avant d'en demander de nouvelles, il lui importerait de connaître, dans toute leur étendue et dans tous leurs détails, les arrangements que le Gouvernement italien est disposé à prendre.

Sur la proposition de M. le Président et en présence des importantes questions que soulève la demande du Gouvernement italien, la Conférence ajourne à samedi sa prochaine réunion.

La séance est levée à 5 heures 1/2.

Le Président,
Signé : Léon SAY.

Les Secrétaires,
Signé : Ernest Crampon.
Henri Jagerschmidt.

TROISIÈME SÉANCE.

CONFÉRENCE MONÉTAIRE

ENTRE

LA BELGIQUE, LA FRANCE, LA GRÈCE, L'ITALIE ET LA SUISSE

EN 1878.

3ᵉ SÉANCE.

SAMEDI 5 OCTOBRE 1878.

PRÉSIDENCE DE M. LÉON SAY.

Étaient présents, MM. les Délégués

de la Belgique,

de la France,

de la Grèce,

de l'Italie,

de la Suisse,

qui assistaient à la précédente séance, ainsi que M. FEER-HERZOG.

La séance est ouverte à deux heures.

M. GARNIER se fait excuser de ne pouvoir, à cause de l'état de sa santé, assister à la réunion.

M. PIRMEZ présente un nouveau délégué du Gouvernement belge, M. SAINCTELETTE, commissaire royal des Monnaies, qui pourra donner à la

Conférence tous les renseignements qu'elle réclamerait sur la fabrication monétaire en Belgique.

M. LE PRÉSIDENT ne doute pas que la Conférence n'ait à se féliciter de la part que M. Sainctelette va prendre à ses travaux.

Au sujet du procès-verbal de la précédente séance, dont le projet de rédaction a été soumis aux observations de chacun des membres de la Conférence, M. RUAU rappelle qu'il avait brièvement exposé son opinion sur la nécessité d'exclure la monnaie divisionnaire de la nouvelle convention. Il lui avait semblé que cette modification avait rencontré, en principe, l'adhésion de la Conférence, et il aurait désiré qu'il fût pris acte de cet assentiment.

MM. PIRMEZ et LARDY déclarent qu'ils n'avaient pas interprété ainsi le silence de MM. les Délégués sur cette question. Ils avaient compris que ce point avait été réservé pour un examen ultérieur.

M. LE PRÉSIDENT fait observer que la proposition de M. Ruau n'avait été l'objet ni d'une discussion approfondie ni d'une adhésion de la part de la Conférence.

M. FEER-HERZOG, qui n'assistait pas à la précédente réunion, exprime la surprise que lui cause cette proposition. L'admission de la monnaie divisionnaire italienne est seule en question. Exclure d'une manière générale la monnaie divisionnaire des États de l'Union, monnaie rendue depuis si peu de temps uniforme, serait une mesure fort grave, de nature à créer au Gouvernement suisse des charges et des embarras qui la lui rendraient certainement inacceptable.

M. RUAU est d'avis que la monnaie divisionnaire, étant une monnaie dépréciée et sans valeur pleine, ne saurait remplir les conditions d'une monnaie internationale.

Après cet échange d'observations, M. LE PRÉSIDENT donne lecture d'une lettre par laquelle la Banque de France, sur l'invitation qui lui en avait été adressée, exprime son opinion sur les diverses questions soulevées dans la Conférence.

Il est décidé que ce document sera annexé au procès-verbal. (Annexe A.)

M. LE PRÉSIDENT rappelle que, dans la dernière séance, plusieurs questions ont été rapidement passées en revue : celle du cours légal de l'or, celle du régime de l'argent, celle du cours forcé et celle du retrait de la monnaie divisionnaire italienne, enfin l'importante question de la liquidation. La question de la durée de la convention est la seule qui n'ait pas été abordée.

Il propose de reprendre tout d'abord la discussion sur un point au sujet duquel l'entente lui paraît pouvoir se faire sans trop de difficultés, c'est-à-dire sur la question du retrait de la monnaie divisionnaire italienne. M. Ressman a déclaré, il est vrai, que toutes les questions à débattre étaient étroitement liées entre elles et que l'Italie ne pouvait prendre une décision sur un point avant de connaître les concessions qu'on serait disposé à lui faire sur les autres. Mais, sous cette réserve, on pourrait examiner le délai dans lequel l'Italie entendrait effectuer le retrait en question, les conditions dans lesquelles on procéderait à cette opération, et les garanties à donner aux États concordataires contre le retour des inconvénients qui ont été signalés. MM. les délégués italiens avaient dit, à ce sujet, que l'on pourrait retirer annuellement environ 30 millions de monnaies divisionnaires et supprimer une partie des petites coupures pour une somme correspondante, en commençant par les coupures de 50 centimes.

M. Ressman remercie M. le Président d'avoir bien voulu prendre acte des réserves qu'il avait faites à la dernière séance. Il croit, en effet, que toutes les questions sont connexes, et ni ses collègues ni lui ne sauraient s'engager sur un point avant de connaître les intentions de la Conférence sur tous les autres.

En ce qui concerne le retrait de ses monnaies divisionnaires, il est clair que le Gouvernement italien a besoin d'un certain temps pour effectuer cette opération. Si, par exemple, la convention était faite pour une durée de cinq ans, ce délai pourrait suffire au retrait, par cinquièmes égaux, de tout le stock de monnaie divisionnaire italienne en circulation dans les États de l'Union. En tout cas, le Ministre des finances d'Italie ne croirait pas pouvoir opérer le retrait de plus de 30 millions par année. A la rentrée de chaque cinquième, le Gouvernement retirerait des petites coupures (en commençant par celles de 50 centimes) pour une somme équivalente. On peut espérer que la monnaie divisionnaire qui rentrerait ainsi en Italie s'y maintiendrait sans trop de peine. Mais M. Ressman désirerait savoir, dans le cas où cette opération s'effectuerait, quelle serait, vis-à-vis de chacun des États, la situation de l'Italie, et quelles dispositions seraient prises pour l'exécution de la mesure, dans quelles proportions, par exemple, la France, la Belgique et la Suisse présenteraient à l'échange les monnaies divisionnaires italiennes.

M. Pirmez donne quelques chiffres qui indiquent la proportion pour laquelle les monnaies d'appoint italiennes figurent dans la circulation monétaire en Belgique.

M. le Président est d'avis qu'on pourrait se borner à inscrire dans la convention que les quatre États se mettront d'accord sur la part qu'il conviendra d'attribuer à chacun d'eux dans le contingent de 30 millions affecté chaque année par le Gouvernement italien au retrait de ses monnaies d'appoint. Il serait même préférable de ne pas fixer une fois pour toutes cette proportion. Les États s'entendraient chaque année à ce sujet, et on pourrait ainsi, dans le cours de l'opération, reconnaître et rectifier les erreurs commises dans l'appréciation relative des quantités de monnaies italiennes répandues dans la circulation monétaire de chaque pays.

Quoi qu'il en soit, M. le Président ne pense pas que cette question puisse soulever de difficulté. Le point important, à ses yeux, est de savoir si les garanties offertes par le Gouvernement italien seront suffisantes pour rendre impossible le retour des monnaies retirées de la circulation. On sait, dit-il, combien il est difficile de repousser l'invasion d'une monnaie étrangère, même lorsqu'elle n'est plus reçue dans les caisses publiques. En France, les monnaies pontificales pèsent encore sur la Banque et sur le Trésor par suite des ménagements qu'on a dû prendre vis-à-vis du public. Il importe donc de bien examiner si le système proposé sera réellement efficace. S'il ne devait pas l'être, l'opération serait inutile et les frais de transport auraient été faits en pure perte.

M. Pirmez fait observer qu'on s'est défendu avec succès, en Belgique, contre l'introduction des monnaies pontificales.

M. Feer-Herzog constate que, depuis l'exclusion des pièces pontificales, il ne s'en trouve plus en Suisse dans la circulation.

M. le comte Rusconi fait remarquer que les Délégués italiens ont proposé deux garanties importantes contre le retour des monnaies divisionnaires : en premier lieu, la substitution, dans la circulation monétaire intérieure de l'Italie, des pièces d'argent retirées des autres pays de l'Union aux petites coupures de papier-monnaie qu'on s'engage à supprimer, de telle façon que ces pièces d'argent divisionnaires, devenues indispensables pour les besoins des petites transactions, seront forcément retenues en Italie; en second lieu, la déclaration, par tous les États de l'Union, que les monnaies d'appoint n'auront plus cours hors des pays où elles ont été émises.

M. Baralis dit que les pièces pontificales n'ont pas cours en Italie.

Quant aux craintes manifestées par M. le Président, il ne croit pas qu'il y ait d'autres moyens que ceux qui ont été proposés pour empêcher dans l'avenir la réintroduction des pièces retirées. Il convient toutefois, selon lui, de ne pas se faire d'illusion. Par la force de l'habitude, et malgré le refus des caisses publiques, les pièces italiennes se glisseront de nouveau dans la circulation hors de l'Italie, si les gouvernements ne se décident pas à prononcer d'une manière générale la cessation du cours international des monnaies d'appoint.

M. Baralis pense que l'on peut évaluer à environ cent millions de francs la somme des monnaies divisionnaires italiennes en circulation dans les autres États de l'Union, et il demande à présenter à ce sujet, puisqu'il en trouve l'occasion, une observation qui jusqu'ici n'a pas encore été faite.

On s'est beaucoup plaint de ce que les monnaies d'appoint italiennes, après l'établissement du cours forcé en Italie, avaient fait invasion en France. Ce qui n'a pas été dit, c'est que, à un certain moment, on les y avait appelées. Après 1870, par suite du manque de monnaie d'appoint en France, on a fait venir d'Italie en France une grande quantité de pièces divisionnaires italiennes, payables en or, et qui furent envoyées aux frais des importateurs français. Un seul banquier de Paris, au mois d'avril 1871, en a acheté pour sa part 45 millions de francs.

M. le Président reconnaît que, pendant la guerre de 1870, des difficultés exceptionnelles ont donné lieu à bien des mesures provisoires. Dans quelques villes, à Lille, à Bordeaux et ailleurs, on a dû créer une sorte de monnaie obsidionale au moyen d'émissions de petites coupures faites par les chambres de commerce et garanties par des dépôts de billets de banque. Après la paix, le manque de monnaie divisionnaire a produit une crise à laquelle les sociétés de crédit ont cherché à remédier en créant un syndicat pour l'émission de petites coupures. Mais cet état de choses n'a pas duré, et d'ailleurs le Gouvernement est resté complètement étranger à toute tentative de ce genre. Presque immédiatement après, la situation était renversée, et on se plaignait d'un encombrement de monnaies divisionnaires et de billon. On a même vu le billon étranger se répandre dans certaines parties de la France, bien qu'il n'ait pas cours international.

M. Pirmez rappelle que M. Ruau d'abord, M. Baralis ensuite, ont proposé, comme un moyen d'empêcher le retour des monnaies d'appoint qui seraient retirées par l'Italie, d'enlever à la monnaie divisionnaire tout caractère international. Mais il ne s'explique pas comment cette proposition pourrait se concilier avec l'intention du Gouvernement italien d'opérer le retrait par cinquièmes dans un délai de cinq ans. Si une clause excluant de l'Union la monnaie d'appoint italienne était insérée dans la convention, l'effet immédiat de cette stipulation serait d'obliger l'Italie à reprendre en bloc les 150 millions de monnaie divisionnaire qu'elle a frappés.

M. le Président pense que, si on tombait d'accord sur le principe de la cessation du cours international des monnaies divisionnaires italiennes, il ne serait pas impossible de trouver une combinaison pratique qui permît d'effectuer le retrait de la façon dont le Gouvernement italien entend cette opération. On pourrait garder au Trésor les monnaies retirées de la circulation et ne les présenter au remboursement que dans une proportion qui serait convenue pour chaque année.

M. Ressman déclare que son Gouvernement n'a qu'un désir, celui de voir réussir l'opération projetée du retrait des monnaies italiennes d'appoint. Il ne demande qu'une chose, c'est qu'on lui en facilite le succès par tous les moyens. Il ne verrait, pour sa part, aucun inconvénient au système qui consisterait à retirer, à partir du 1er janvier 1880, le cours international à ces monnaies et à garder dans les caisses du Trésor français les petites pièces d'argent italiennes, dont le Gouvernement italien reprendrait chaque année une partie.

M. Musnier de Pleignes indique un autre système qui consisterait à retirer d'abord les pièces de 50 centimes, puis les pièces de 1 franc, enfin celles de 2 francs.

M. Feer-Herzog fait observer que la difficulté consisterait à faire concorder le retrait des diverses monnaies d'appoint avec les échéances de remboursement et les sommes que le Gouvernement italien se propose d'y affecter. Il pense, toutefois, que cette difficulté n'est peut-être pas insurmontable.

D'après les chiffres approximatifs fournis par MM. les Délégués italiens, il existerait pour 25 millions de pièces de 50 centimes, pour 68 millions de pièces de 1 franc, pour 60 millions de pièces de 2 francs. Or, le Gouvernement italien pourrait retirer: la première année, les pièces de 50 centimes; les deux années suivantes, les pièces de 1 franc; enfin, les deux dernières années, les pièces de 2 francs. Il suffirait qu'il se reconnût débiteur des intérêts de la provision qu'on devra faire pour compléter le montant des sommes que le retrait aurait dû atteindre chaque année s'il était fait régulièrement.

M. Ressman déclare qu'il ne pourrait que réserver son opinion sur le système proposé par M. Feer-Herzog. La charge d'intérêts qu'on ferait supporter à l'Italie, si cette marche était suivie, ne lui paraît guère acceptable. Ce serait retirer d'une main les avantages que, de l'autre, on accorderait au Gouvernement italien en lui permettant d'opérer le remboursement par cinquièmes.

M. le Président répond que l'on pourrait, sans aucun doute, trouver des combinaisons au moyen desquelles cette dépense d'intérêts n'aurait que peu d'importance. Aucun gouvernement ne cherchant évidemment pas à tirer des profits de cette opération, il serait toujours facile de s'entendre et d'éviter l'inconvénient que M. Ressman paraît redouter. Mais M. le Président désirerait qu'on écartât ces questions de détail, sur lesquelles l'accord se fera aisément plus tard, et qu'on répondît aujourd'hui à la question essentielle qui a été posée : Quelles peuvent être les garanties suffisantes pour empêcher le retour des pièces italiennes retirées ? Les lois et les règlements n'ont que très-peu d'efficacité en pareille matière, et, selon lui, c'est aux moyens économiques qu'il faudrait avoir recours. Croit-on que le retrait des petites coupures en Italie suffira, à lui seul, pour maintenir dans la circulation italienne les pièces divisionnaires qu'on y aura fait rentrer ?

M. FEER-HERZOG considère que cette garantie serait peut-être suffisante, si l'on était certain qu'aucun établissement privé ne pourrait plus à l'avenir émettre de petites coupures.

M. BARALIS répond que ce danger n'est pas à craindre, parce qu'aucun établissement privé n'est désormais autorisé à faire des émissions. Mais il insiste sur ce que la mesure dont on discute l'efficacité ne sera une garantie suffisante contre l'émigration des petites monnaies que si on la complète en retirant le cours international à toute la monnaie d'appoint des États de l'Union indistinctement. Si cette suppression était prononcée, on pourrait examiner s'il ne conviendrait pas de porter à 900/1000 le titre de ces monnaies, titre qu'on a réduit en 1865 à 835/1000 par suite de circonstances qui ne subsistent plus et pour des motifs qui ne sont plus à invoquer aujourd'hui.

M. LE PRÉSIDENT considère que la question de la modification du titre actuel de 835/1000 pour les monnaies d'appoint est très-grave. Il est disposé à la mettre en discussion, bien que la France soit exposée à supporter la plus lourde charge (une dépense de 23 millions environ) si on reprenait le titre de 900/1000. Mais il est d'avis que les mesures économiques sont les seules qui puissent avoir quelque efficacité contre le retour possible des monnaies divisionnaires italiennes. La suppression même du cours international des monnaies d'appoint n'empêcherait pas le mal qu'on redoute, si on ne prenait pas en même temps d'autres précautions. Il se demande quel serait l'effet, à ce point de vue, de l'élévation du titre à 900/1000.

M. PIRMEZ regrette qu'on ait confondu deux questions, celle de savoir si le système de la Convention de 1865 quant au titre des monnaies divisionnaires est, en principe, un bon système, et celle des mesures spéciales à prendre à l'égard de la monnaie divisionnaire italienne. Pour lui, le principe adopté pour les monnaies d'appoint par la Convention de 1865 n'a produit que d'excellents résultats, et il se réserve de développer plus tard sa pensée à ce sujet.

Mais, en ce qui touche le but immédiat qu'on poursuit aujourd'hui, il ne pense pas que le changement du titre actuel des monnaies d'appoint puisse avoir une influence quelconque sur la circulation des monnaies italiennes dans les États à circulation métallique. Si faible que soit l'intérêt de la spéculation, elle exporte la monnaie dès que le change peut lui faire réaliser un profit. C'est ainsi que, à une certaine époque, les pièces de 2 centimes belges ont envahi la Hollande, parce qu'en les faisant accepter pour la centième partie d'un florin, qui vaut 2 fr. 10 centimes, on réalisait un bénéfice de 5 p. o/o. Le Gouvernement des Pays-Bas dut procéder à une démonétisation des centièmes de florins, démonétisation à la suite de laquelle les pièces de 2 centimes belges furent reversées en quantités considérables sur la Belgique.

M. Ressman pense que, si les autres États de l'Union changeaient le titre actuel des monnaies divisionnaires, cela découragerait la spéculation, qui ne trouverait plus un intérêt suffisant à les exporter d'Italie.

M. Pirmez fait observer que les spéculateurs n'exportent pas ces pièces pour les faire refondre, mais pour les remettre en circulation, et que la valeur intrinsèque de la pièce leur est absolument indifférente. Si le change de l'Italie sur la France a un écart de 10 p. o/o, celui qui expédie d'Italie en France 100,000 francs de monnaies italiennes peut créer une traite qu'il vendra 110,000 francs à Rome, et gagnera ainsi 10,000 francs, moins les frais de transport.

M. le Président, revenant à l'examen de la question de la suppression des petites coupures, demande s'il ne serait pas nécessaire, pour que cette mesure ait tout son effet, que l'Italie détruisît une quantité de petites coupures plus considérable que la somme des pièces de monnaie retirées de l'étranger, car il y a peut-être en Italie plus de petites coupures qu'on n'en a réellement besoin pour les échanges.

M. Ressman ne croit pas qu'il y ait surabondance de petites coupures, et constate, à l'appui de son opinion, la présence d'une quantité considérable de monnaies de billon qui circulent en Italie à côté des coupures de 50 centimes.

M. le comte Rusconi est d'avis que le point important est de faire pénétrer dans les esprits que la monnaie qu'on veut proscrire est une monnaie qui n'a plus cours international. Une fois cette croyance bien affermie, la spéculation n'aurait plus de prise. Le point essentiel serait donc, à ses yeux, de bien établir que les pièces d'argent divisionnaires italiennes ont perdu leur caractère de monnaie internationale.

M. le Président considère que, au point où en est arrivée la discussion, il y aurait de l'avantage à charger une sous-commission d'étudier les moyens pratiques du retrait par l'Italie de ses monnaies divisionnaires et de préparer, à ce sujet, une rédaction qui serait soumise à la Conférence.

Cette proposition est accueillie, et la Conférence décide que la sous-commission sera composée de MM. Pirmez (*Belgique*), Jagerschmidt et Ruau (*France*), Ressman (*Italie*) et Feer-Herzog (*Suisse*).

M. Baralis demande que la question de la suppression du cours international de la monnaie d'appoint de tous les États de l'Union indistinctement, soit également soumise à l'examen de cette sous-commission.

M. Feer-Herzog insiste pour que cette question ne soit pas confondue avec celle du retrait des pièces italiennes. L'exclusion générale de la monnaie divisionnaire de la circulation internationale serait une mesure extrêmement grave. Elle domine, à son avis, la convention tout entière; car les décisions prises à l'égard de la monnaie d'appoint pourraient, dans certains cas, rompre l'équilibre pour les pièces de cinq francs.

M. le Président dit qu'il y a là, en effet, deux questions distinctes : l'une, dont l'étude peut être dès à présent livrée à une sous-commission, celle du retrait de la monnaie d'appoint italienne; l'autre, qui peut être actuellement examinée par la Conférence elle-même, et qui se décompose ainsi :

1° Doit-on enlever à la monnaie divisionnaire d'argent des divers États de l'Union le cours international ?

2° Y a-t-il lieu de reconstituer la monnaie d'appoint au titre de 900/1000 de fin ?

M. le Président pense que la suppression du cours international, proposée par MM. Ruau et Baralis, aurait à la fois des avantages et des inconvénients, et qu'elle demande à être étudiée de près. Il croit, comme on l'a dit, que, lorsqu'on a adopté en 1865 le titre de 835/1000, c'était là un expédient suggéré par la hausse momentanée de l'argent.

M. Pirmez tient à faire remarquer que l'abaissement du titre des monnaies divisionnaires ne touche en rien à la question de l'étalon unique d'or, bien qu'avant 1865, et alors que la Belgique était encore sous le régime de l'étalon unique d'argent, on y proposât d'abaisser le titre de toutes les pièces d'argent inférieures à 5 francs. Le but que l'on avait en vue était de laisser aux particuliers, sans la grever d'aucune charge étrangère, la fabrication des pièces de 5 francs. C'est ce système qui a passé dans la Convention de 1865.

M. Feer-Herzog explique comment la hausse de l'argent et le drainage de la monnaie d'appoint ont forcé la Suisse, dès le commencement de 1860, à réduire le titre des pièces divisionnaires d'argent à 800/1000. C'est presque en même temps que l'Italie et la France adoptèrent le titre de 835/1000. Il déclare que, selon lui, on ne peut pas proposer sérieusement de revenir au titre de 900/1000. De deux choses l'une : ou la valeur de l'argent remoutera, et alors, s'il se produit une situation analogue à celle de 1860, il faudra procéder à une nouvelle réduction de titre; ou bien la baisse de l'argent persistera, et alors ce serait une mesure dérisoire que de chercher à améliorer de 6 ou 7 o/o une monnaie qui perd, quoi qu'on fasse, 15 à 18 o/o de sa valeur.

M. Ruau fait observer que la crainte de voir exporter les monnaies divisionnaires a été, en 1865, la raison déterminante de l'abaissement du titre. Or, les faits ont démontré que cette crainte n'était pas fondée. En effet, sur une émission totale de 222 millions, il est rentré, au moment de l'opération du retrait, 170 millions, c'est-à-dire que la perte n'a pas atteint un quart de l'émission. Cette proportion n'a rien d'extraordinaire et n'indique pas qu'il y ait eu de fortes exportations. L'abaissement du titre a eu, selon lui, le très regrettable effet de détruire l'unité réelle établie, comme base fondamentale du système monétaire français, par la loi de germinal an XI. En thèse générale, c'est une chose mauvaise que de frapper une monnaie qui n'a pas sa valeur pleine; cela est contraire non-seulement aux principes de la science économique, mais à ces règles essentielles de moralité financière dont les gouvernements doivent être les premiers et les plus stricts observateurs. M. Ruau n'admettrait une pareille mesure qu'en cas d'absolue nécessité. Or, cette nécessité n'existe pas.

M. Feer-Herzog conteste les appréciations de M. Ruau, relativement aux intentions des signataires de la Convention de 1865. Le point de départ de la mesure dont il s'agit, M. Feer-Herzog se réfère à cet égard aux procès-verbaux des séances de la Conférence de 1865, a été la nécessité de remédier à la pénurie de monnaie d'appoint.

M. Feer-Herzog ne s'explique pas le privilège qu'on attribue à ce titre de 900/1000. La pièce de 5 francs n'est actuellement, pas plus que la pièce de 1 franc, soutenue par sa propre valeur. La monnaie d'appoint actuelle n'est qu'un billet de banque écrit sur du métal au titre de 835/1000 de fin; mais puisque ce système a donné de bons résultats, c'est aujourd'hui moins que jamais qu'il conviendrait de le modifier.

M. Ruau fait observer que la diminution de valeur sur la pièce de 5 francs est moindre que sur les pièces divisionnaires, puisque, pour ces dernières, la réduction du titre s'ajoute à la diminution de prix du métal.

M. Baralis, tout en confirmant l'opinion émise par M. Feer-Herzog relativement à la Convention de 1865 et à la nécessité où l'on était de remédier au manque de monnaie d'appoint, rappelle que dès 1862 l'Italie avait déjà, par la loi d'unification monétaire du 24 août 1862, réduit à 835/1000 le titre des pièces divisionnaires, afin d'empêcher l'exportation de la monnaie d'appoint qui se pratiquait alors, ainsi que cela est établi dans l'exposé des motifs du projet de loi d'unification. Par cet abaissement du titre de la monnaie divisionnaire, l'Italie ne faisait, d'ailleurs, que suivre l'exemple qui lui avait été donné par d'autres États et l'avis des hommes les plus compétents, celui notamment qui se trouve consigné dans le remarquable rapport de la Commission française chargée d'examiner la question des monnaies divisionnaires d'argent, rapport en date du 10 août 1861. Mais l'opinion de M. Baralis diffère de celle de M. Feer-Herzog en ce que, d'après lui, bien loin que la dépréciation de l'argent soit un motif pour renoncer au rétablissement du titre de 900/1000, elle est une raison pour qu'il soit aujourd'hui procédé à cette opération, si la fabrication n'est pas limitée. Il convient de saisir le moment où l'argent est à bas prix pour effectuer cette remonétisation dans les meilleures conditions possibles.

M. Pirmez déclare que le Gouvernement belge ne pourrait certainement pas, comme d'autres États paraissent disposés à le faire, consentir à affecter à cet objet des sommes qu'il considérerait comme dépensées en pure perte, puisque le système actuel fonctionne sans inconvénients.

M. Lardy déclare que le Gouvernement fédéral, qui s'est imposé de grandes dépenses pour porter au titre de 835/1000 les pièces qui avaient été frappées à 800/1000, ne saurait, au moment où l'opération de la refonte des anciennes monnaies suisses, prescrite par la Convention de 1865, vient à peine d'être terminée au 1er janvier 1878, se résoudre à faire de nouveaux sacrifices pour porter cette monnaie au titre de 900/1000.

M. Ressman fait observer que l'adoption du titre de 900/1000, qui aurait un si grand intérêt de moralité politique et financière, offrirait, en outre, un avantage sérieux pour l'Italie. On pourrait convenir que la circulation internationale de la monnaie divisionnaire, interrompue momentanément, serait reprise le jour où tous les États auraient porté leur monnaie d'appoint au titre de 900/1000 de fin; l'Italie retrouverait ainsi, à cette époque, les avantages de la communauté.

M. Pirmez répond que l'Italie ne pourrait pas raisonnablement se plaindre d'être privée de ces avantages, puisqu'elle demande elle-même aux autres

États de ne plus recevoir ses monnaies divisionnaires pour lui faciliter le retrait des petites coupures.

M. Delyanni fait connaître que les instructions qu'il a reçues de son Gouvernement s'opposent également à ce qu'il consente à l'abandon du titre de 835/1000.

M. le Président déclare qu'il regrette, pour sa part, qu'on soit sorti de la loi de germinal an XI en abaissant le titre du franc, qui est l'unité monétaire française. L'impression du public est que les monométallistes sont partisans de l'abaissement de la valeur du franc, parce que cette mesure est une première atteinte au principe du système monétaire français. Mais il ne croit pas que, en présence des déclarations de la Belgique, de la Suisse et de la Grèce, on puisse revenir aujourd'hui sur cette mesure, et que, par conséquent, il soit utile de prolonger la discussion à ce sujet.

Il conviendrait donc de passer à l'examen des trois autres questions concernant : la frappe des pièces de 5 francs en argent et le contingent exceptionnel demandé par l'Italie, la liquidation et la durée de la convention.

Mais l'heure étant trop avancée, la Conférence remet cet examen à sa prochaine séance, qu'elle fixe à lundi 7 courant.

MM. Sainctelette, Ruau, Delyanni, Baralis et Lardy déposent une série de Tableaux synoptiques relatifs à la fabrication des monnaies en Belgique, en France, en Grèce, en Italie et en Suisse avant et après la Convention de 1865 (annexe B).

La séance est levée à 5 heures et demie.

Le Président,
Signé : Léon SAY.

Les Secrétaires,

Signé : Ernest Crampon.
Henri Jagerschmidt.

LETTRE

DU GOUVERNEUR DE LA BANQUE DE FRANCE

AU MINISTRE DES FINANCES.

Paris, le 5 octobre 1878.

Monsieur le Ministre,

Le Conseil général de la Banque a donné la plus sérieuse attention aux questions que vous avez bien voulu lui soumettre au sujet de la prochaine conférence de l'Union latine.

Avant d'examiner séparément chacune des questions et les conséquences de leur adoption, la Banque doit vous rappeler, Monsieur le Ministre, que la Convention de 1865 a été déjà pour elle une source de grandes difficultés. La situation de la France, l'étendue de son marché, ont fait affluer chez elle non-seulement les monnaies d'or et d'argent des États associés, mais encore leurs monnaies divisionnaires; cette affluence n'a fait qu'augmenter depuis que des circonstances, imprévues à l'origine de la Convention, ont entièrement bouleversé la situation monétaire d'une des parties contractantes; enfin l'écart survenu entre le prix de l'or et celui de l'argent a favorisé, dans tous les États de l'Union, un excès de production de pièces de cinq francs en argent.

Les conséquences de ces faits ont particulièrement pesé sur la Banque, et, lorsque le Gouvernement lui a demandé de consentir à recevoir les monnaies de l'Union latine, ces monnaies sont venues successivement s'accumuler dans ses caisses, de sorte qu'aujourd'hui les 925 millions de son encaisse en pièces de cinq francs d'argent comprennent 270 millions en pièces étrangères.

Cette proportion s'accroît chaque jour d'une notable partie de ce qui se trouve encore dans la circulation, car la Banque reçoit beaucoup plus d'argent qu'elle n'en peut dépenser, par suite de la préférence que montre actuellement le public pour l'or et pour les billets. Vous en jugerez par ce fait qu'au mois de janvier 1875, au moment où la Banque reprenait volontairement ses payements en espèces, son encaisse en argent, y compris les monnaies divisionnaires, n'était que de trois cent dix millions, tandis qu'il s'élève aujourd'hui à un milliard douze millions.

Ces observations doivent vous faire pressentir, Monsieur le Ministre, quel peut être le sentiment de la Banque au sujet de la demande qui vous est faite de substituer, en France, le cours légal des espèces étrangères à la simple obligation de les recevoir dans les caisses publiques.

En droit, peut-on équitablement faire aux habitants d'un pays une obligation légale d'accepter une monnaie étrangère, et les priver de la garantie que leur assure la surveillance de leur Gouvernement sur la frappe de la monnaie nationale?

En fait, serait-ce le moment, quand déjà les pièces de 5 francs d'argent étrangères nous encombrent, quand les caisses publiques seraient dès à présent hors d'état de les recevoir, si les caves de la Banque ne leur servaient de déversoir; serait-ce le moment de donner à ces monnaies une prise plus énergique sur le marché français, et d'ajouter à la faveur dont elles jouissent déjà le privilège d'en faire une monnaie obligatoire et libératoire? Comment, d'ailleurs, attribuer un cours légal à une monnaie en ce moment dépréciée? Si cela est sans inconvénient en France pour la monnaie française, l'objection semble absolue pour les monnaies étrangères.

Ces considérations générales s'appliquent naturellement à la Banque comme aux particuliers, car nous ne supposons pas qu'on songe à faire à la Banque une situation spéciale, et que, s'armant de ce qu'elle a volontairement et temporairement renoncé à son droit de refuser les monnaies étrangères, on veuille lui imposer à elle seule le cours légal. Ce serait pour la Banque une situation qu'elle ne saurait accepter. Quand, sur la demande du Gouvernement, et en vue d'un intérêt général, elle a consenti à recevoir ces monnaies, elle n'a pas cessé de se considérer comme protégée par les principes du droit commun; c'est cette situation qu'elle désire maintenir, et le Conseil repousse de toutes ses forces l'idée de donner le cours légal en France aux monnaies de l'Union latine.

Vous demandez, Monsieur le Ministre, si la question du cours légal ne pourrait pas être divisée, et si ce cours légal ne pourrait pas être adopté pour l'or, sans l'être pour les monnaies d'argent. Sur cette seconde question, le Conseil s'est prononcé avec la même unanimité que sur la première. Il lui paraît que les raisons de principe s'appliquent à la fabrication des monnaies d'or avec autant de force qu'à la monnaie d'argent; que l'État ne saurait répondre de la bonne et sincère fabrication des monnaies des États associés; qu'en un mot, la monnaie française doit rester seule libératoire et obligatoire en France.

En fait, le cours-légal donné à l'or n'ajouterait rien à la facilité avec laquelle l'or étranger circule en France. Il est partout librement accepté : il l'était avant la Convention de 1865; il n'a cessé de l'être depuis. Cette monnaie n'offre pas pour la Banque les dangers de la monnaie d'argent; il ne semble pas qu'il y ait, en ce moment, un intérêt quelconque à déroger au grand principe de ne donner le cours légal qu'à la monnaie nationale.

Vous désirez aussi, Monsieur le Ministre, connaître l'opinion de la Banque sur la manière dont elle entendrait faire la liquidation de son encaisse de pièces étrangères, au cas de la rupture de l'Union latine. Sous l'empire de la Convention de 1865 et de ses dispositions qui obligent les caisses publiques de chaque État à recevoir les monnaies des autres États contractants, il semble que la seule manière de procéder, pour les particuliers détenteurs de ces monnaies comme pour la Banque, sera de les verser au Trésor, à qui incombe le devoir de traiter avec ses associés de l'échange réciproque de leurs monnaies.

Il est vrai que la Convention de 1865 n'a pas prévu, comme elle l'a fait pour les monnaies divisionnaires, le mode de liquidation des autres monnaies et plus particulièrement des pièces de 5 francs d'argent. Si, en 1865, il était nécessaire de prendre des mesures spéciales à l'égard des monnaies divisionnaires à cause de leur bas titre, on a pu croire inutile de le faire pour les pièces de 5 francs d'argent, car, à l'époque de la Convention, la proportion établie entre le prix des deux métaux n'avait pas encore varié, et, de plus, cette Convention supposait que la fabrication serait, dans chaque État, en proportion des besoins de la population. Mais depuis que l'argent perd relativement de 10 à 15 p. o/o, que la fabrication étrangère a été exagérée, que la circulation et nos caisses regorgent de cette monnaie, la question de liquidation acquiert une importance capitale, et la Banque insiste, dans un intérêt général, pour que la Conférence ne laisse pas cette question sans solution.

Il est une autre question sur laquelle le Conseil, profitant de l'occasion que lui offre aujourd'hui la réunion de la Conférence, croit nécessaire d'appeler votre attention, Monsieur le Ministre : c'est celle de la monnaie divisionnaire à 835 millièmes. Le regrettable changement introduit dans le titre de cette monnaie est devenu pour les particuliers, et surtout pour la Banque, une source de difficultés incessantes. La France n'en a fabriqué qu'en proportion des besoins de sa population, mais cette proportion n'a cessé de s'accroître de ce qui s'est versé chez elle de monnaies divisionnaires étrangères. La Banque, à elle seule, sur 87,427,000 francs de monnaies divisionnaires qu'elle possède, n'a que 59,075,000 francs de monnaie française, contre 28,352,000 francs de monnaies étrangères, et dans ces dernières sont compris, entre autres, 2,500,000 francs de monnaies pontificales que, sur la demande du Gouvernement, la Banque a consenti à recevoir pour calmer l'émotion produite dans le public par le refus de ces monnaies.

Nous croyons, Monsieur le Ministre qu'il serait d'une haute importance, et digne des États éclairés qui composent l'Union latine, qu'il fût pris des mesures pour revenir aux vrais principes de la matière, qui n'auraient jamais dû être abandonnés, et que les monnaies divisionnaires fussent ramenées au titre normal de 900 millièmes.

Veuillez agréer, etc.

Pour le Gouverneur en congé :

Le Premier Sous-Gouverneur,

Signé : Cuvier.

S.

DOCUMENTS

RELATIFS A LA FABRICATION DES MONNAIES
EN BELGIQUE, EN FRANCE, EN GRÈCE, EN ITALIE ET EN SUISSE
AVANT ET APRÈS LA CONVENTION DE 1865.

Relevé des pièces d'or fabriquées dans les cinq États de l'Union avant la mise en vigueur de la Convention de 1865 et depuis cette époque jusqu'au 1er septembre 1878.

TABLEAU I.

ÉPOQUES.	BELGIQUE.	FRANCE.	GRÈCE.	ITALIE.	SUISSE.
Antérieurement à la Convention de 1865......	20,522,060	6,572,113,570	"	424,465,950	"
Postérieurement..	553,028,460	2,100,884,870	1,000,000	61,573,550	"
Totaux....	573,550,520	8,672,998,440	1,000,000	486,039,500	"

Relevé des pièces d'argent de 5 francs fabriquées dans les cinq États de l'Union avant la mise en vigueur de la Convention de 1865 et depuis cette époque jusqu'au 1er septembre 1878.

TABLEAU II.

ÉPOQUES.	BELGIQUE.	FRANCE.	GRÈCE.	ITALIE.	SUISSE.
Antérieurement à la Convention de 1865	145,180,490	4,435,139,800	"	184,623,050	9,500,000
Postérieurement.	350,497,720	626,830,860	15,462,865	339,057,820	7,978,000
Totaux....	495,678,210	(1)5,061,970,720	15,462,865	523,681,770	10,478,000

(1) Y compris 1,370,250 francs restant à fabriquer.

Fabrication des pièces d'argent de 5 francs dans les cinq États de l'Union depuis la limitation du monnayage.

TABLEAU III.

ANNÉES.	BELGIQUE.		FRANCE.		GRÈCE.		ITALIE.		SUISSE.	
	CONTINGENT.	FABRICATION.	CONTINGENT.	FABRICATION.	CONTINGENT.	FABRICATION.	CONTINGENT.	FABRICATION.	CONTINGENT.	FABRICATION.
1874.........	12,000,000	12,000,000	60,000,000	»	»	»	60,000,000	60,000,000	8,000,000	7,978,000
1875.........	15,000,000	14,904,705	75,000,000	»	5,000,000	5,000,000	50,000,000	50,000,000	10,000,000	»
1876.........	10,800,000	10,799,425	54,000,000	»	12,000,000	10,462,865	36,000,000	36,000,000	7,200,000	»
1877.	5,400,000	»	27,000,000	»	1,800,000	»	18,000,000	18,000,000	3,600,000	»
1878.........	»	»	»	»	»	»	9,000,000	9,000,000	»	»
TOTAUX.....	43,200,000	37,704,130	216,000,000	(1) 212,438,280	18,800,000	15,462,865	173,000,000	173,000,000	28,800,000	7,978,000

(1) Y compris 1,370,250 francs restant à fabriquer.

Situation des contingents et des fabrications des monnaies divisionnaires d'argent, dans les cinq États de l'Union.

TABLEAU IV.

ÉTATS.	CONTINGENTS.	QUANTITÉ FABRIQUÉE.	RESTE À FABRIQUER.
Belgique....................	3 2,000,000ᶠ	32,000,000ᶠ 00ᶜ	ɴ
France.....................	239,000,000	229,180,319 00	9,819,680ᶠ 40ᶜ
Grèce......................	9,000,000	9,000,000 00	ɴ
Italie.....................	168,000,000	156,000,000 00	12,000,000 00
Suisse.....................	17,000,000	14,500,000 00	2,500,000 00

Relevé des monnaies courantes de bronze, cuivre ou nickel fabriquées dans les cinq États de l'Union, jusqu'au 1ᵉʳ septembre 1878.

TABLEAU V.

NATURE DES MONNAIES.	BELGIQUE.	FRANCE.	GRÈCE.	ITALIE.	SUISSE.
Cuivre ou bronze.	5,021,217ᶠ 32	62,702,785ᶠ 40	4,496,065ᶠ 35	76,190,442ᶠ 54	481,217ᶠ 97
Nickel.........	6,598,865 80	ɴ	ɴ	ɴ	6,311,884 70
TOTAL.....	12,220,083ᶠ 12	62,702,785ᶠ 40	4,496,065ᶠ 35	76,190,442ᶠ 54	6,793,102ᶠ 67

QUATRIÈME SÉANCE.

CONFÉRENCE MONÉTAIRE

ENTRE

LA BELGIQUE, LA FRANCE, LA GRÈCE, L'ITALIE ET LA SUISSE

EN 1878.

4ᵉ SÉANCE.

LUNDI 7 OCTOBRE 1878.

PRÉSIDENCE DE M. LÉON SAY.

Étaient présents, MM. les Délégués

de la Belgique,

de la France,

de la Grèce,

de l'Italie,

de la Suisse,

qui assistaient à la précédente réunion, ainsi que M. Garnier.

La séance est ouverte à deux heures.

M. Sainctelette dépose une série de tableaux statistiques relatifs à la fabrication des monnaies belges pendant les années 1876 et 1877 (Annexe A).

M. Ruau communique divers documents relatifs à la fabrication des monnaies françaises pendant les années 1876 et 1877 et les trois premiers trimestres de 1878 (Annexe B).

M. LE PRÉSIDENT expose que, la discussion paraissant épuisée sur le régime des monnaies d'appoint, et notamment en ce qui concerne le retrait des monnaies divisionnaires italiennes, le moment est venu d'examiner trois autres questions : celle de la durée de la convention, celle de la liquidation, enfin celle de la fabrication des pièces d'argent de cinq francs.

Ces trois questions ne peuvent guère être séparées; elles ont entre elles une évidente connexité. Tous les délégués paraissent d'accord pour rattacher la question de la durée à celle des contingents de fabrication : si la convention est à long terme, les uns disent ne pouvoir consentir à la fabrication de l'argent; les autres, au contraire, déclarent ne pas pouvoir accepter pendant longtemps l'interdiction absolue de la frappe de l'argent.

D'autre part, la question de la liquidation se lie également à celle de la durée. Si la convention est de courte durée, on peut dire d'avance quelle sera, à peu près, la situation des États de l'Union lors de son expiration. Si, au contraire, la convention est à long terme, la situation des États de l'Union, à l'échéance du contrat, est plus inconnue; elle pourra différer davantage de la situation actuelle et ne pas offrir les mêmes dangers.

C'est ici, dit M. le Président, le lieu de préciser les termes de cette délicate question de la liquidation.

La liquidation n'offre aucune difficulté, s'il s'agit d'un pays à circulation métallique. Mais un État qui a le cours forcé se trouverait, pour effectuer cette opération, dans une situation embarrassante. Prenons pour exemple l'Italie, et supposons que, à l'expiration de la convention, on présente à l'échange les pièces de 5 francs italiennes. Ces pièces ne sont autre chose que des lettres de change payables à Rome. L'opération serait facile si le change était au pair, c'est-à-dire s'il n'était soumis qu'à de faibles variations contenues dans les limites des frais de transport. L'écart du change fait toute la difficulté, et cet écart est la conséquence du cours forcé. On peut remédier au mal de deux manières : en faisant disparaître le cours forcé, ou en tenant compte de la perte de change.

Pour la monnaie divisionnaire, la Convention de 1865 prévoit le cas où un échange est nécessaire et décide que le solde sera payé en traites sur le pays qui renvoie les pièces. Le règlement du solde à payer n'est pas prévu par la Convention pour les pièces d'argent de 5 francs. Doit-il être payé en traites sur le pays qui reçoit les pièces ou en traites sur le pays qui les envoie, et, dans le cas cité plus haut, en lettres de change sur Rome ou en lettres de change sur Paris? La question n'a d'importance qu'à cause de l'écart du change, qui est une conséquence du cours forcé, et elle est d'autant plus grave que la durée de la convention est plus courte. Si cette durée n'était que d'un an, la nécessité de trouver une solution s'imposerait, parce qu'à cette échéance on ne peut pas espérer que le cours forcé aura cessé en Italie. Si, au contraire, la durée de la convention était longue, et si l'on était assuré que dans l'intervalle le cours forcé cesserait et que le pair du change dût s'établir, les inconvénients qu'on redoute ne seraient plus à craindre. Il s'agit donc de voir si l'on peut faire durer la convention jusqu'à la cessation du cours forcé en Italie ; la question de la liquidation perdrait alors toute son importance.

Quant à la question de fabrication, M. le Président désirerait connaître d'une manière précise l'intérêt que peut avoir l'Italie à frapper un nouveau contingent. Si cet intérêt était connu, peut-être pourrait-on lui donner satisfaction par des moyens différents. Mais il n'en voit pas d'autre que le bénéfice qui résulterait pour elle de la différence de valeur entre l'argent en lingots et l'argent frappé, et à cet intérêt-là nous ne pouvons, dit-il, donner satisfaction.

Ceci posé, M. le Président demande à MM. les Délégués italiens s'ils sont en mesure de renseigner la Conférence sur la possibilité où l'Italie serait de rétablir le pair du change, et de s'expliquer sur les précautions qu'il y aurait lieu de prendre pour faire que la liquidation ne s'opère pas avant la cessation du cours forcé.

M. Pirmez adhère aux observations présentées par M. le Président quant à la connexité des deux questions de la liquidation et de la durée ; mais il n'admet pas que la question de la fabrication de l'argent ait un rapport direct avec les deux autres. Le lien qui semble l'y rattacher tient uniquement à la manière dont l'Italie l'a posée.

En ce qui touche la fabrication des pièces d'argent de 5 francs, il déclare qu'il a reçu de son gouvernement les instructions les plus formelles. La Belgique n'a pas, jusqu'ici, usé elle-même de la faculté de frapper tout le contingent qui lui était assigné. Elle ne pourrait donc pas consentir à ce que cette fabrication, pour laquelle elle n'a pas épuisé son droit quand elle pouvait en prendre le profit, soit entreprise par un autre État. D'ailleurs, le Gouvernement italien peut-il, pour un faible bénéfice, vouloir augmenter la pléthore d'argent dont souffrent ses alliés et risquer, par là, de compromettre une situation dont le péril dérive déjà, en très-grande partie, du régime du cours forcé qu'il a adopté ?

M. Ressman demande à faire d'abord une observation au sujet de la connexité de la question de la fabrication et de celle de la liquidation des monnaies d'argent. Si la liquidation était admise, on devrait considérer comme légitime la prétention de l'Italie, même si elle n'avait d'autre motif que l'espoir du bénéfice qui résulterait du monnayage illimité de l'argent.

Comment, du moment où elle s'engagerait à reprendre les pièces, n'aurait-elle pas le droit d'en fabriquer telle quantité qu'elle voudrait ?

Abordant ensuite la question de la liquidation, M. Ressman fait remarquer qu'aucune clause n'existe à ce sujet dans la Convention de 1865. Or, on ne présume pas ce qui n'est pas expressément écrit dans un texte de loi. Mais il y a plus : la Convention contient une clause de liquidation, celle qui règle l'échange des monnaies divisionnaires. Or, en vertu de l'axiome de droit : *qui dicit de uno negat de altero*, mais surtout au nom du sens commun, ne doit-on pas dire que, si la Convention de 1865 a réglé d'une manière si précise la liquidation pour une espèce de monnaies, la monnaie divisionnaire d'argent, elle l'a évidemment exclue pour toutes les autres ? En supposant qu'on admît dans la nouvelle convention la clause de liquidation pour les pièces d'argent de 5 francs, qu'adviendrait-il si la situation était de nouveau renversée ? Pourra-on exiger des États coassociés le remboursement de la monnaie d'or à l'expiration de la convention ? En admettant même le principe de la liquidation, en accordant qu'à l'expiration d'une convention monétaire chaque État, sans qu'il existe une stipulation expresse à cet égard, soit tenu à reprendre la monnaie qu'il a frappée, contre quoi doit-il l'échanger, à défaut d'une entente et d'un engagement préalables ? On comprendrait la prétention qu'il eût à rendre pour ses pièces d'or des pièces d'or équivalentes frappées par l'État réclamant l'échange et qui circulent sur son territoire, et pour ses pièces d'argent des pièces d'argent équivalentes de cet État. Si on lui en rend plus qu'il n'en a à échanger, on comprendrait qu'il couvrît l'excédant par la monnaie ayant cours chez lui, donc par du papier, s'il est sous le régime du cours forcé. On comprendrait qu'il offrît, à la rigueur, de solder la différence avec le même métal, avec du métal or pour son or monnayé, avec du métal argent pour son argent monnayé, en payant en sus le prix du monnayage. Mais ce serait là évidemment la limite extrême des exigences soutenables. L'opinion qu'une liquidation doit s'opérer à la rupture de l'Union ne peut se défendre que si on se place sur le terrain des égards et des bons procédés que les États se doivent entre eux ; en droit strict, elle ne se soutient pas.

Elle n'est même pas conforme à l'équité, car si la clause en question ne pouvait être imaginée en 1865, avant la baisse de l'argent, elle pouvait être prévue en 1874, lorsqu'on a limité la fabrication de l'argent; or, elle l'a été si peu qu'on a eu recours à une autre précaution : la limitation des contingents de fabrication pour chaque État, ce qui excluait implicitement toute idée de liquidation. On a continué, jusqu'en 1876, à procéder par voie de restriction successive de la fabrication. Pourquoi viendrait-on aujourd'hui demander au Gouvernement italien de s'imposer une charge plus lourde que celle qu'il avait pu jusqu'ici prévoir ? Ce sont là des arguments péremptoires qui triompheraient sans aucun doute s'ils étaient portés devant un Parlement.

Il est vrai que M. le Président a indiqué un tempérament à la proposition qui avait été faite tout d'abord. Il a dit que, si la convention durait assez long-temps pour que l'Italie pût sortir du cours forcé, on arriverait au même résultat que celui qu'on cherche à atteindre par la clause de liquidation. Or, le Gouvernement italien espère fermement voir disparaître un jour le cours forcé; mais peut-on préciser l'époque à laquelle cet événement s'accomplira ? En s'engageant à retirer les petites coupures, l'Italie fait preuve d'une grande bonne volonté et fait une importante concession. Cette opération, quelles qu'en soient les difficultés, sera sans doute terminée dans huit ans. Peut-être même, s'il ne se produit pas d'événements extraordinaires, pourra-t-on faire davantage dans cette période. Mais si un grave événement, une guerre, une crise financière, surviennent, peut-on répondre de l'avenir et se lier dès à présent les mains? C'est avec de grandes précautions qu'on doit s'engager dans cette voie, et, quel que soit leur désir d'arriver promptement à une entente, les Délégués italiens devront en référer à leur Gouvernement au sujet du système proposé par M. le Président pour tempérer la clause de liquidation.

M. FEER-HERZOG déclare que, aux termes des instructions qu'il a reçues, le Conseil fédéral est disposé à conclure une nouvelle convention pour une durée de cinq ou six ans, sous la condition formelle que la frappe de l'argent soit suspendue. En outre, si un mode de liquidation est proposé par l'un des États, les Délégués de la Suisse sont autorisés à s'y associer.

L'opération qui fait l'objet de la proposition actuellement soumise à la Conférence par plusieurs de ses membres, après s'être produite dans des pourparlers antérieurs, est, dit M. Feer-Herzog, une opération commerciale, qui consiste à demander à l'Italie une sorte de couverture pour le solde dû par elle à chaque État par suite de la situation que l'établissement du cours forcé a fait naître. Il faut convenir que personne ne songeait, en 1865, à une clause de liquidation pour les monnaies pleines. Depuis lors, on a fait l'expérience que l'un des États pouvait, en adoptant le cours forcé, inonder de ses monnaies le territoire de ses alliés, et l'on cherche un remède à cette situation. Or, la manière la plus naturelle de faire cette liquidation serait de conclure une convention sur les bases de la suspension du monnayage d'argent, avec une durée assez longue pour qu'on puisse espérer que, pendant cette période, le Gouvernement italien arrivera à supprimer le cours forcé ou du moins à se rapprocher assez du pair du change pour que ses alliés monétaires n'aient plus aucune inquiétude. Ce serait là le moyen le plus simple pour arriver à une liquidation, celui qui témoignerait d'une plus grande sympathie pour l'Italie. Mais il est essentiel, pour cela, que l'Italie se résigne à la suspension absolue du monnayage d'argent. Une quantité nouvelle de pièces de 5 francs mise en circulation pourrait produire des effets désastreux, non pas tant à cause de la somme dont le stock d'argent se trouverait accru qu'à cause des conditions économiques particulières dans lesquelles se trouvent les divers pays de l'Union.

Jusqu'à présent, le cours du change, en Belgique, en France et en Suisse, s'est toujours réglé sur le cours moyen de l'or; c'est un heureux résultat qu'il faut s'efforcer de maintenir. Si l'on apprenait qu'une concession pareille à celle que demande l'Italie a été faite, le cours du change pourrait en être défavorablement affecté, et si en même temps il subissait l'influence d'événements d'une autre nature, une crise funeste pourrait se produire. En somme, il y aurait dans cette mesure beaucoup plus de danger pour les autres États que de profit pour l'Italie.

M. Feer-Herzog conclut en recommandant d'assurer les deux points essentiels:

1° Suspension de la frappe des écus de cinq francs;

2° Retrait des monnaies divisionnaires, en donnant à la convention une durée de six ans. L'Italie aurait alors devant elle une période de sept années, à partir d'aujourd'hui, pendant laquelle elle pourrait améliorer les conditions de son équilibre financier. Le problème de la liquidation pourrait ainsi être résolu sans qu'aucune clause expressément formulée dans la convention vienne éveiller les susceptibilités de l'une des Parties contractantes.

M. Lardy fait part de divers renseignements qui justifieraient les craintes manifestées par quelques-uns des délégués sur la possibilité d'une modification qui viendrait à se produire dans la proportion actuelle entre l'or et l'argent dans l'encaisse des grands établissements financiers.

Le danger signalé serait, selon lui, non pas seulement théorique, mais, en fait, imminent. Le cours du change sur Londres est aujourd'hui, à Paris, à 25,32. On peut déjà exporter l'or assez facilement, de France en Angleterre, à 25,33. Des faits de diverse nature ont influé récemment sur la situation du marché de Londres, de telle sorte que certaines valeurs internationales, comme les valeurs égyptiennes, italiennes, etc., sont meilleur marché à Londres qu'à Paris. Les spéculateurs s'empressent d'acheter ces valeurs à Londres pour les revendre à Paris : de là le danger d'une exportation d'or, si le cours du change s'y prête, et cela pour des sommes non déterminables, puisqu'il s'agit de pures opérations de banque en Bourse.

Une autre cause d'exportation de l'or est le solde dû par la France à l'Amérique pour les importations de blé et de cotons, le change sur New-York suivant, en général, les oscillations du change sur Londres. Or, comme M. le Président et M. Pirmez l'ont déjà fait observer à la précédente séance, l'encaisse argent a peu de portée : on consent à nous traiter en pays d'or, parce que nous possédons encore d'importantes réserves de ce métal; mais il est possible, si l'on n'y prend garde, que la Banque de France, dont l'encaisse est composé aujourd'hui moitié or et moitié argent, se trouve obligée soit de laisser sortir l'or, soit de le garder par des mesures défensives dont la gravité n'échappe à personne. Dans une situation aussi tendue, l'arrivée sur le marché d'une quantité même peu importante d'argent peut avoir des conséquences extrêmement graves. Aussi M. Lardy ne met-il pas en doute que le Conseil fédéral, si on lui demandait des instructions nouvelles, ne refusât de revenir sur celles qu'il a données à ses délégués et ne les chargeât de continuer à s'opposer à toute nouvelle frappe d'écus de 5 francs.

M. Pirmez reconnaît que la cause de l'Italie a été plaidée avec une grande habileté ; mais il fait remarquer que, pour soutenir que cet État n'est pas tenu de subir la liquidation, on s'est placé un peu à côté du vrai terrain du débat. On s'est demandé si, d'après la Convention de 1865, il y avait une obligation quelconque d'opérer la liquidation. Tout le monde est d'accord pour reconnaître qu'il n'y en a aucune. Les États de l'Union n'ont pris, en 1865, aucun engagement en ce qui touche les monnaies de payement. La Convention supposait que l'argent et l'or conserveraient le même rapport de valeur, et il n'y avait pas plus d'intérêt, à cette époque, à faire l'échange des pièces de 5 francs qu'il n'y en aurait aujourd'hui à faire l'échange des pièces d'or entre deux pays de l'Union. Mais l'obligation que l'Italie repousse n'en existe pas moins ; elle dérive, non de la Convention de 1865, mais de l'établissement, par elle, du cours forcé. Cette dernière mesure a été une véritable contravention à la Convention de 1865. La Convention stipulait qu'il n'y aurait pas d'autres monnaies que celles qui s'y trouvaient désignées. Si elle excluait toute monnaie ayant d'autres poids ou titre que ceux qu'elle déterminait, à plus forte raison excluait-elle la monnaie de papier. Que signifierait une convention monétaire avec un État qui n'aurait plus de monnaie du tout ?

C'est là, certainement, la cause d'une obligation pour l'Italie, et M. Pirmez ne doute pas que, s'il s'agissait d'une contestation entre particuliers au lieu d'un débat entre Gouvernements, et si, au lieu d'employer les voies diplomatiques, on portait la question devant un tribunal, les juges ne déclarassent que l'adoption du papier-monnaie par un des États de l'Union oblige cet État à la réparation du préjudice qui en découle pour ses coassociés.

M. Ressman objecte que l'Italie pourrait alléguer le cas de force majeure pour justifier l'établissement du cours forcé.

M. Pirmez répond que, en droit, la difficulté qu'éprouve un débiteur à payer une dette ne constitue pas un cas de force majeure. Il s'est produit un fait contraire à la Convention. Le Gouvernement italien doit réparer les dommages qui en sont résultés pour les autres États contractants, dont la circulation monétaire s'est trouvée encombrée par l'argent exporté d'Italie. M. Pirmez comprend parfaitement les difficultés où s'est trouvée l'Italie, et, ainsi qu'il l'a déclaré déjà plusieurs fois, rien ne serait plus éloigné des intentions du Gouvernement belge que de ne pas se prêter à toutes les mesures que commande la situation; mais il importe cependant que le droit soit établi, et, si l'on ne peut réclamer une réparation immédiate des conséquences fâcheuses du cours forcé, rien n'est plus naturel et plus juste que de demander, tout au moins, que le mal soit atténué, et, surtout, qu'il ne soit pas aggravé ou rendu définitivement irréparable.

M. Pirmez constate qu'on donne à l'Italie le temps de rentrer naturellement dans l'ordre conventionnel, en assignant à la nouvelle convention une durée de cinq ou six ans. Mais, ce point admis, qu'arrivera-t-il au moment où l'Union se dissoudra? De deux choses l'une : ou le cours forcé sera aboli en Italie, et, dans ce cas, M. Pirmez déclare qu'il adhère volontiers aux conclusions de M. Ressman; aucune obligation ne pèsera sur l'Italie; en reprenant les payements en espèces, elle aura fait revenir chez elle la monnaie qui en avait été exportée; une véritable liquidation se sera effectuée; — ou bien le cours forcé existera encore, et, dans ce cas, il est nécessaire qu'une stipulation empêche que, en reprenant la frappe de l'argent, l'Italie ne laisse pour toujours aux autres États de l'Union les monnaies d'argent dépréciées que, par l'adoption du cours forcé, elle a déversées sur leur territoire.

Mais à cet égard, et dans cette hypothèse du cours forcé subsistant en Italie, une autre distinction peut être faite. La dissolution de l'Union peut se produire, ou bien par le fait de l'une des puissances associées à l'Italie qui reprendrait le régime de l'argent, ou bien par le fait de l'Italie qui, toutes les autres puissances contractantes restant liées entre elles, voudrait quitter l'Union pour frapper de nouveau de l'argent. Dans le premier cas, on pourrait encore admettre que l'État qui se retire n'ait aucune réclamation à former; mais il n'en saurait être ainsi dans le second. L'Italie ne doit pas pouvoir se retirer de la convention sans avoir accompli les obligations qui lui incombent; et elle ne les aura pas accomplies tant qu'elle n'aura pas, par la suppression du cours forcé, repris les monnaies italiennes qui chargent la situation des autres États; et si, dans ces conditions, on admettait qu'elle pût néanmoins sortir de l'Union, elle ne devrait pouvoir le faire qu'en restant grevée de l'engagement d'opérer ce retrait, engagement qui devrait se traduire par l'interdiction de la frappe de l'argent jusqu'au jour où, ayant repris ses payements en espèces, elle aurait rappelé ses monnaies de l'étranger.

M. Pirmez n'hésite pas à dire que telles sont les limites des obligations que l'Italie a contractées. Les conditions d'arrangement qu'il propose seraient, selon lui, suffisantes pour les États coassociés sans avoir, d'ailleurs, rien d'excessif pour l'Italie.

M. le Président déclare qu'il partage les opinions émises per M. Feer-Herzog et par M. Pirmez. C'est du cours forcé qu'est née la question de la liquidation et, si cette clause n'a pas été insérée dans la Convention de 1865 pour les pièces de 5 francs, c'est qu'à cette époque on ne prévoyait pas le cours forcé. L'Italie a causé aux États alliés un préjudice dont elle leur doit réparation. Si le cours forcé n'existe plus lors de l'expiration de la convention, la question de la liquidation sera tout naturellement abandonnée; s'il subsiste, les États coassociés subiront une perte très-sensible.

Si on va plus loin encore et si l'on prévoit le cas où l'Italie sortirait de l'Union pour frapper de nouveau de la monnaie d'argent, les autres États restés dans l'Union n'auraient qu'une ressource : couper les pièces italiennes et couper même les pièces qui sont actuellement dans la circulation. Ils n'auraient plus alors entre les mains que des lingots d'argent.

Par quels moyens prévenir ce mal? On peut dire au Gouvernement italien: Si, à l'expiration de la convention, vous êtes sorti du cours forcé, nous ne vous demanderons rien; sinon, tenez-nous compte de la différence du change pour toutes les pièces italiennes que nous possédons. Ce serait là évidemment un système fort onéreux pour l'Italie et qui constituerait le maximum des concessions qu'on est en droit d'exiger d'elle.

On peut aussi suivre une autre méthode et dire : Si, au jour de l'échéance, l'Italie n'a pas supprimé le cours forcé, nous retarderons cette échéance jusqu'à ce que la suppression puisse se faire, mais à une condition, c'est que l'Italie reste dans la Convention, qu'elle n'entreprenne rien contre les dispositions qui s'y trouvent contenues. Une conférence composée des délégués des cinq États pourrait seule apprécier s'il y a lieu de reprendre ou non la frappe de l'argent. Nous ferions une convention de cinq ou six ans, et, à l'échéance de ce terme, l'Union ne pourrait être rompue, la Convention ne pourrait être dénoncée que par la Belgique, la France et la Suisse. L'Italie serait obligée de subir le contrôle de l'Union jusqu'à ce qu'elle soit rentrée dans une situation normale par l'abolition du cours forcé. D'une manière générale, les États qui, à cette époque, seraient sous le régime du cours forcé n'auraient pas le droit de dénonciation, et ce droit appartiendrait uniquement aux États à circulation métallique.

Sur ce terrain il serait possible de s'entendre, et, moyennant ces garanties, on pourrait écarter le mode de liquidation qui consiste à tenir compte de la différence du change.

Au point de vue de la fabrication de l'argent, le système de la Convention de 1865 serait renversé. Il fallait autrefois l'unanimité entre les États contractants pour suspendre la frappe de l'argent; il faudrait aujourd'hui l'unanimité pour reprendre la fabrication.

En ce qui nous concerne, dit M. le Président, notre intérêt à ne pas frapper est énorme. La Banque de France a actuellement un encaisse considérable d'or et d'argent; mais l'encaisse d'argent, en quelque sorte, ne compte pas. Ce sont les oscillations de l'or qui gouvernent seules aujourd'hui les mouvements du change, et si l'encaisse d'or diminuait, quel que fût celui de l'argent, la situation présenterait des dangers contre lesquels il faudrait se prémunir par des mesures de précaution rigoureuses, notamment par une élévation du taux de l'escompte qui pourrait être le point de départ d'une crise générale pour notre commerce. Jusqu'à présent cette éventualité ne s'est pas produite et le change s'est uniquement réglé sur le cours de l'or. Mais que l'encaisse d'or de la Banque soit attaqué, et que, par suite d'une exportation de ce métal, le change en vienne à se régler sur la valeur de l'argent, ce serait là pour nous un désastre qu'il faut prévenir avec d'autant plus de soin que nous ne savons pas, que personne ne sait, quelle nouvelle quantité d'argent versée dans la circulation suffirait à le provoquer.

Telles sont, dit, en se résumant, M. le Président, les graves considérations qui devraient, selon lui, déterminer la Conférence à adopter, en principe, les deux points suivants :

1° Suspension de la frappe d'argent, tant que l'unanimité des États n'aura pas décidé de la reprendre ;

2° Précautions rigoureuses pour que la liquidation puisse être retardée jusqu'au moment où l'Italie aura rétabli le pair du change.

M. RESSMAN fait observer que les conclusions de M. Pirmez et celles de M. le Président diffèrent assez sensiblement. M. Pirmez n'a pas dit que, dans sa pensée, les États à circulation métallique devraient seuls avoir le droit de dénonciation, tandis que l'Italie en serait privée ; il a dit seulement que l'Italie devrait s'interdire de frapper des écus de 5 francs, même après l'expiration de la Convention et jusqu'à la suppression du cours forcé.

M. PIRMEZ fait observer que si, dans la forme, sa proposition diffère de celle de M. le Président, elle tend incontestablement au même but. Dire, comme M. le Président, que l'Italie ne pourra sortir de la Convention, c'est dire qu'elle ne pourra fabriquer d'argent.

M. FEER-HERZOG demande quelle serait la situation des États qui prendraient, dans l'avenir, le cours forcé. Dans le système de M. le Président, ils ne pourraient dénoncer la Convention ; au contraire, M. Pirmez, dans une séance antérieure, avait émis l'opinion qu'ils devaient être exclus de l'Union. M. le Délégué de la Suisse fait observer que ces deux propositions semblent contradictoires.

M. LE PRÉSIDENT répond qu'elles ne sont pas inconciliables. L'exclusion d'un État qui prendrait le cours forcé ne s'expliquerait pas s'il pouvait, en quittant l'Union, infliger une perte aux autres États. Dans ce cas donc, et dans ce cas-là seulement, la clause de liquidation serait maintenue et l'on aurait deux régimes différents : l'un pour les États qui ont actuellement le cours forcé, qui seraient privés du droit de dénonciation; l'autre pour les États qui prendraient le cours forcé, qui seraient exclus de l'Union, mais tomberaient sous le coup de la clause de liquidation.

M. Feer-Herzog croit que la méthode qui consisterait à refuser le droit de dénonciation aux puissances chez lesquelles le cours forcé est établi présenterait un inconvénient, celui d'obliger les autres États à rester malgré eux en Union avec ces puissances. Si l'Italie, par exemple, se trouvait pendant longtemps encore dans une situation telle qu'elle ne pût sortir de l'Union, que deviendrait le privilège promis aux pays à circulation métallique de pouvoir librement dénoncer la convention? Qu'arriverait-il, par exemple, si la Belgique ou la Suisse voulaient quitter l'Union pour adopter l'étalon unique d'or?

M. le Président répond que, dans l'hypothèse prévue par M. Feer-Herzog, l'État dissident quitterait l'Union sans pouvoir rien réclamer à l'Italie. Ce serait là, sans aucun doute, une sorte de pénalité, et il avoue que cette conséquence, résultant de son système, ne résulterait pas également du système de M. Pirmez. Mais il ne voit pas, pour son compte, d'inconvénient à une stipulation de ce genre qui constituerait une sorte de transaction.

M. Ressman désire relever quelques-unes des observations présentées par M. le Délégué de la Belgique.

M. Pirmez a fait dériver les obligations qu'il impute à l'Italie de l'établissement du cours forcé, et il a semblé faire, à cet égard, certains reproches que M. Ressman ne croit pas mérités. On ne peut pas dire que c'était indûment que le Gouvernement italien a mis en circulation un excédant de monnaies d'argent dans les pays de l'Union. Le reproche ne serait évidemment pas fondé pour le temps où la frappe était illimitée. Le serait-il davantage pour les années où l'Italie s'est soumise aux restrictions que, d'un commun accord et dans des proportions longuement débattues, tous les États de l'Union se sont imposées? L'établissement du cours forcé a été un malheur inévitable que le Gouvernement italien a été le premier à déplorer; mais, étant donnée cette situation, les coassociés de l'Italie en auraient souffert encore davantage si leurs créances avaient été payées en papier-monnaie au lieu de l'être en monnaie d'argent. Le Gouvernement italien leur a épargné cette conséquence extrême du cours forcé, en exportant des monnaies d'argent.

Il est un autre point sur lequel M. Ressman s'est déjà expliqué et sur lequel on a, tout à l'heure encore, adressé une question aux Délégués italiens.

On a demandé pourquoi l'Italie insistait pour obtenir la fabrication d'un contingent de pièces de 5 francs. M. Ressman rappelle que ses raisons sont : la nécessité de refondre les anciennes monnaies bourboniennes, le besoin d'augmenter son encaisse et de faire face à ses payements à l'étranger, enfin la préoccupation bien naturelle de frapper des pièces à l'effigie du nouveau Souverain. Les propositions que la discussion a fait naître ajoutent à toutes ces raisons une raison nouvelle. En effet, si l'Italie opère en bloc le retrait de ses monnaies divisionnaires, il lui faudra une quantité considérable de monnaie, et surtout de pièces de 5 francs d'argent, contre lesquelles l'article 8 de la Convention de 1865 l'autorise à les échanger. N'est-il pas naturel qu'elle réclame de ses alliés des facilités pour mener cette opération à bonne fin ?

Ces observations faites, M. Ressman déclare que, si la question de la liquidation était envisagée par les autres États au point de vue que M. Feer-Herzog vient d'indiquer, les Délégués italiens feraient tous leurs efforts pour amener leur Gouvernement à adhérer aux diverses résolutions de la Conférence, sous la réserve d'un contingent de fabrication que l'Italie persisterait, dans tous les cas, à demander pour l'année prochaine.

Quant aux modes de liquidation suggérés par M. le Président et par M. le Délégué de la Belgique, y a-t-il un espoir sérieux de les voir adopter, quelque détournées, quelque générales que soient les rédactions proposées ? Peut-on demander à un Gouvernement, et surtout à un Parlement, d'aliéner ainsi sur un point, pour un si long temps, la liberté et la souveraineté de la nation ?

Peut-être les Délégués italiens auraient-ils pu accepter la clause de liquidation sous la forme très-atténuée qu'on lui a donnée en dernier lieu, s'ils avaient obtenu des concessions relativement au cours légal et à la fabrication de l'argent. Mais, l'Italie n'ayant pas obtenu satisfaction sur tous ces points, il n'y a plus guère d'espoir de s'entendre que si l'on considère une longue durée de la Convention comme une garantie suffisante et, ainsi que l'a dit M. Feer-Herzog, comme devant amener tout naturellement cette liquidation que l'on poursuit. Dans ce cas, les Délégués italiens pourraient accepter la suspension de la frappe de l'argent, sauf un faible contingent pour faire face à des besoins immédiats, et qui pourrait être accordé en dehors de la nouvelle convention, pour l'année 1879, cette convention ne devant entrer en vigueur qu'en 1880.

M. Feer-Herzog insiste sur cette idée, que le mode le plus simple de liquidation serait d'assigner une longue durée à la convention. Mais si l'on adopte ce système, qui, ainsi qu'il l'a déjà fait observer, répondrait le mieux aux sympathies des divers États de l'Union pour l'Italie, il serait nécessaire aussi que cette nation fît de réels et sérieux efforts pour profiter du long terme qui lui serait accordé.

M. Feer-Herzog fait observer incidemment que la question des anciennes monnaies bourboniennes a déjà été traitée dans les Conférences des années précédentes, et il s'étonne que le Gouvernement italien ne les ait pas déjà retirées et fait refondre en totalité.

M. Baralis rappelle que, dans une des dernières séances, il a été dit que le Gouvernement italien avait l'intention de retirer ces pièces de la circulation, en fixant un bref délai après lequel elles ne seraient plus reçues dans les caisses publiques.

M. Ressman demande si, le principe du cours légal des pièces d'argent de 5 francs n'étant pas admis internationalement, la Banque s'engagerait à accepter ces pièces pendant toute la durée de la convention.

M. le Président dit qu'il ne peut pas encore faire à cette question une réponse définitive : des négociations sont entamées et se poursuivent, en ce moment, avec la Banque ; peut-être le résultat en sera-t-il connu, du moins en partie, à la prochaine séance. Mais, ajoute-t-il, les négociations commencées ne pourront aboutir que lorsque tous les points de la convention seront arrêtés.

Toutefois, on peut prévoir que, si la question de la fabrication de l'argent, principal sujet de préoccupation pour la Banque, est écartée, comme M. Ressman l'a fait espérer, les inquiétudes manifestées au sujet de la liquidation seront fort calmées.

En ce qui touche le contingent exceptionnel réclamé pour l'année 1879, M. le Président ne pourrait demander l'avis de la Banque sans connaître dès à présent le chiffre approximatif de ce contingent.

M. Ressman rappelle que, à l'une des dernières séances, il a indiqué le chiffre de 20 millions comme étant celui du contingent minimum réclamé par l'Italie. Il espère que son Gouvernement pourrait se contenter de ce chiffre pour le contingent exceptionnel de l'année 1879, dans le cas, bien entendu, où les demandes mises en avant au sujet de la liquidation seraient abandonnées.

Il remercie M. le Président des indications qu'il vient de donner sur les intentions probables de la Banque, et déclare qu'il considère comme une condition essentielle, pouvant seule remplacer le cours légal, l'engagement qui serait pris par la Banque de recevoir les pièces de 5 francs italiennes pendant toute la durée de la nouvelle convention.

M. le Président pense qu'il serait possible de rédiger dès à présent les diverses propositions qui ont été formulées, et propose de confier à la sous-commission nommée à la dernière séance le soin de préparer un avant-projet de convention.

La Conférence, accueillant cette proposition, ajourne à jeudi sa prochaine réunion.

La séance est levée à cinq heures et demie.

Le Président,
Signé : LÉON SAY.

Les Secrétaires,
Signé : ERNEST CRAMPON.
HENRI JAGERSCHMIDT.

RELEVÉS

DE LA FABRICATION DES MONNAIES EN BELGIQUE

PENDANT LES ANNÉES 1876 ET 1877.

ANNÉE 1876.

1° Matières versées au change...................... Or.
2° Matières versées au change...................... Argent.
3° Compte du Directeur .... Or.
4° Compte du Directeur .... Argent.
5° Moyenne des titres et des poids.................. Or et argent.

BELGIQUE.

FABRICATION DE PIÈCES DE 20 FRANCS EN 1876.

SOMME FABRIQUÉE : 41,393,640 FRANCS.

TABLEAU I.

TITRES.	NATURE DES MATIÈRES VERSÉES AU CHANGE.	VALEUR.
899.7	Aigles d'Amérique.	22,696f 85c
899.5	Couronnes danoises.	115,582 80
985	Ducats d'Autriche.	1,141,806 15
916.3	Impériales de Russie.	14,556,323 90
900	Lingots.	58,716 55
915.5	Lingots.	362,029 55
Divers.	Lingots.	24,136,023 75
900	Pièces de 20 francs.	22,085 05
915	Livres turques.	729,742 95
899.7	Reichsmarks.	23.716 40
898	Monnaies péruviennes.	43,256 85
875	Quadruples Juarez.	147,987 40
1,000	Or affiné.	32,771 80
	TOTAL.	41,393,640 00

BELGIQUE.

FABRICATION DE PIÈCES DE 20 FRANCS.

TABLEAU II.

ANNÉES.	VALEUR NOMINALE.	POIDS		TITRE MOYEN.	POIDS		VALEUR à 3,095 fr. 30 cent. le kilog. à 900 millièmes.	FRAIS DE FABRICATION à 6 fr. 70 cent. le kilog. à 900 millièmes.	VALEUR TOTALE.	DIFFÉRENCE au crédit de l'État.
		DROIT.	FABRIQUÉ.		FIN.	À 900 MILLIÈMES.				
1876	41,393,650ᶠ	13,352ᵏ787	13,256ᵏ105,3	0,899,770,73	12,017ᵏ432,616	13,352ᵏ702,906	41,305,915ᶠ 90ᶜ	89,463ᶠ 10ᶜ	41,393,379ᶠ 00ᶜ	261ᶠ 00ᶜ

Le Commissaire des Monnaies,

AD. SAINCTELETTE.

BELGIQUE.

FABRICATION DE PIÈCES DE 5 FRANCS EN 1876.

SOMME FABRIQUÉE : 10,799,425 FRANCS.

TABLEAU III.

TITRES.	NATURE DES MATIÈRES VERSÉÉS AU CHANGE.	VALEUR.
Divers.	Lingots..	10,799,425ᶠ
	Total...................................	10,799,425

CERTIFIÉ EXACT :

Le Contrôleur au change et au monnayage,

CH. VAN DER BEKEN.

VU :

Le Commissaire des Monnaies,

AD. SAINCTELETTE.

BELGIQUE.

FABRICATION DE PIÈCES DE 5 FRANCS.

Tableau IV.

ANNÉE.	VALEUR NOMINALE.	POIDS		TITRE MOYEN.	POIDS		VALEUR à 198 fr. 50 cent. le kilog. à 900 millièmes.	FRAIS DE FABRICATION à 1 fr. 50 cent. le kilog. à 900 millièmes.	VALEUR TOTALE.	DIFFÉRENCE AU CRÉDIT de l'État.
		DROIT.	FABRIQUÉ.		FIX.	À 900 MILLIÈMES.				
1876	10,799,425	53,997^{k}125	54,003^{k}790	0.899,876,130	48,596^{k}721,556	53,996^{k}357,284	10,718,276^{f}92^c	80,994^{f}54^c	10,799,271^{f}46^c	153^{f}54^c

82

Le Commissaire des Monnaies,

AD. SAINCTELETTE.

BELGIQUE.

ADMINISTRATION DES MONNAIES.

MOYENNE DES TITRES ET DES POIDS DES MONNAIES FABRIQUÉES EN 1876.

OR.

TABLEAU V.

VALEUR NOMINALE des espèces d'or mises en circulation.	OR.							TITRE. OR.	
	TITRE moyen.	POIDS moyen par 3,100 francs = 1 kilog.	POIDS moyen par pièce de 20 francs = 6ᵍʳ,451,61.	DIFFÉRENCE					
				avec le titre droit,		avec le poids droit,		Le plus haut.	Le plus bas.
				en plus.	en moins.	en plus.	en moins.		
francs.									
41,393,040	0,899.770,730	1ᵏ,000,248,5	6ᵍʳ,453,216	ʺ	0,000.229,270	0,001,606	ʺ	0,900,650	0,898,2

ARGENT.

VALEUR NOMINALE des espèces d'argent mises en circulation.	ARGENT A 0,900, PIÈCES DE 5 FRANCS.							TITRE. ARGENT.	
	TITRE moyen.	POIDS moyen par 200 francs = 1 kilog.	POIDS moyen par pièce de 5 francs = 25 grammes.	DIFFÉRENCE					
				avec le titre droit,		avec le poids droit,		Le plus haut.	Le plus bas.
				en plus.	en moins.	en plus.	en moins.		
francs.									
10,790,425	0,899,876,130,1	1ᵏ,000.123,4	25ᵍʳ,003,085	ʺ	0,000,123,860,0	0,003,085	ʺ	0,901,8	0,898,150

Le Commissaire des Monnaies,

AD. SAINCTELETTE.

11.

ANNÉE 1877.

1° Matières versées au change..................... Or.
2° Compte du Directeur...................... Or.
3° Moyenne des titres et des poids............... Or.

BELGIQUE.

FABRICATION DE PIÈCES DE 20 FRANCS EN 1877.

SOMME FABRIQUÉE : 118,121,400 FRANCS.

TABLEAU VI.

TITRES.	NATURE DES MATIÈRES VERSÉES AU CHANGE.	VALEUR.
Divers.	Lingots......	
900.0	Lingots..........	50,929,585ᶠ 80ᶜ
899.7	Reichsmarcks........	581,352 53
916.3	Impérials russes......	36,800,054 73
899.5	Couronnes danoises......	23,029,735 48
899.5	Florins de Hollande.	2,307,196 05
875.0	Quadruples mexicains.	936,342 54
874.0	Quadruples Juarez......	27,236 51
898.5	Isabellines........	647,417 06
985.0	Ducats d'Autriche......	44,828 45
916.3	Souverains anglais......	158,176 36
899.7	Aigles ou dollars......	9,055 17
1,000.0	Or affiné........	2,417,711 53
		231,207 70
	Total......	118,121,400 00

CERTIFIÉ EXACT :
Le Contrôleur au change et au monnayage,
CH. VAN DER BEKEN.

VU :
Le Commissaire des Monnaies,
AD. SAINCTELETTE.

BELGIQUE.

ADMINISTRATION DES MONNAIES.

MOYENNE DES TITRES ET DES POIDS DES MONNAIES FABRIQUÉES EN 1877.

OR.

Tableau VII.

VALEUR NOMINALE des espèces d'or mises en circulation.	OR.							TITRE. OR.	
	TITRE MOYEN.	POIDS MOYEN par 3,100 francs = 1 kilogramme.	POIDS MOYEN par pièce de 20 francs = 6 gr. 451,61.	DIFFÉRENCE avec le titre droit,		DIFFÉRENCE avec le poids droit,		Le plus haut.	Le plus bas.
				en plus.	en moins.	en plus,	en moins.		
fr.									
118,121,400	0,899,829,168	1.000,190	Gr.452,839	"	0.000,170,832	0.001,229	»	0.901,4	0.898,250

Le Commissaire des Monnaies,

Ad. Sainctelette.

BELGIQUE.

—

FABRICATION DE PIÈCES DE 20 FRANCS.

Tableau VIII.

ANNÉE.	VALEUR NOMINALE.	POIDS.		TITRE NOTÉS.	POIDS		VALEUR à 3,093 fr. 30 cent. le kilogramme à 900 millièmes.	FRAIS DE FABRICATION à 6 fr. 70 cent, le kilogr. à 900 millièmes.	VALEUR TOTALE.	DIFFÉRENCE DU DÉBIT de l'État.
		DROIT.	FABRIQUÉ.		FIN.	à 900 millièmes.				
1877.....	118,121,400ᶠ	38,103ᵏ677,4	38,110ᵏ921,0	0.899,829,168	34,293ᵏ318,869	38,103ᵏ087,632	117,866,136ᶠ95ᶜ	255,294ᶠ71ᶜ	118,121,431ᶠ66ᶜ	31ᶠ66ᶜ

Le Commissaire des Monnaies,

Ad. Sainctelette.

FRANCE.

ADMINISTRATION DES MONNAIES ET MÉDAILLES.

(Moyennes des titres et poids des Monnaies fabriquées en France pendant les années 1876, 1877 et 1878.)

ANNÉES.	OR.							ARGENT.						
	TITRE MOYEN.	POIDS MOYEN par 3,100 francs = 1 kilogr.	POIDS MOYEN par pièce de 20 francs = 6 gr. 451,61.	DIFFÉRENCE AVEC LE TITRE DROIT		AVEC LE POIDS DROIT		TITRE MOYEN.	POIDS MOYEN par 200 francs = 1 kilogr.	POIDS MOYEN par pièce de 5 francs = 25 gr.	DIFFÉRENCES AVEC LE TITRE DROIT		AVEC LE POIDS DROIT	
				en plus.	en moins.	en plus.	en moins.				en plus.	en moins.	en plus.	en moins.
1876............	899,956	1,000,006	6,451,615	»	0,044	000,006	»	899,788	1,000,319	25,008	»	000,212	0,319	»
1877............	900,036	999,960	6,451,424	0,036	»	»	0,040	900,202	1,000,0003	25,000	0,202	»	0,0003	»
1878 (1ᵉʳ octobre)...	900,003	999,995	6,451,605	0,003	»	»	0,005	900,156	1,000,332	25,008	0,156	»	0,332	»

TABLEAU Nº II.

FABRICATION DE MONNAIES FRANÇAISES
PENDANT L'ANNÉE 1876.

Or......	20 francs......................	176,493,160^f 00^c
Argent.... 5 francs..	Paris...................	44,000,000 00
	Bordeaux...............	8,661,315 00
	Total des 5 francs........	52,661,315 00

NATURE DES MATIÈRES VERSÉES AU CHANGE EN 1876.

Or.......	Piastres turques...................	33,864^l 37^c
	Marks........................	88,903 32
	Ducats d'Autriche.................	66,187 01
	Souverains.....................	23,536 61
	Lingots.......................	176,546,252 86
	Total....................	176,758,744 17
Argent.... Lingots..	Paris...................	23,672,543 99
	Bordeaux...............	8,503,128 82
	Total............	32,175,672 81

TABLEAU Nº III.

FABRICATION DE MONNAIES FRANÇAISES
PENDANT L'ANNÉE 1877.

Or......	20 francs......................	255,181,140^f 00^c
Argent.... 5 francs..	Paris...................	13,159,970 00
	Bordeaux...............	3,304,315 00
	Total des 5 francs.........	16,464,285 00

NATURE DES MATIÈRES VERSÉES AU CHANGE EN 1877.

Or......	Lingots.......................	222,251,014^f 73^c
	Marks........................	18,586,544 16
	Aigles........................	7,038,833 51
	Impériales.....................	20,594 53
	Kronor.......................	32,546 37
	Monnaies diverses.................	376,408 30
	Total....................	248,305,941 60
Argent..... Néant.		

TABLEAU N° IV.

FABRICATION DE MONNAIES FRANÇAISES
PENDANT L'ANNÉE 1878.
(1ᵉʳ JANVIER AU 1ᵉʳ OCTOBRE.)

Or......	100 francs......................		1,281,400ᶠ 00ᶜ
	20 francs......................		182,688,300 00
	Total...............		183,969,700 00
Argent....	5 francs....	Paris............... Néant.	
		Bordeaux.............	1,815,650 00

NATURE DES MATIÈRES VERSÉES AU CHANGE EN 1878.

Or.......	Lingots.......................	181,203,866ᶠ 15ᶜ
	Impériales....................	37,368 62
	Souverains....................	29,959 12
	Aigles........................	2,723,735 70
	Monnaies diverses	254,633 21
	Marks........................	9,106 24
	Total...............	184,258,669 04

Argent.... Néant.

CINQUIÈME SÉANCE.

CONFÉRENCE MONÉTAIRE

ENTRE

LA BELGIQUE, LA FRANCE, LA GRÈCE, L'ITALIE ET LA SUISSE

EN 1878.

———

5ᵉ SÉANCE.

JEUDI 10 OCTOBRE 1878.

———

PRÉSIDENCE DE M. LÉON SAY.

———

Étaient présents, MM. les Délégués

de la Belgique,

de la France,

de la Grèce,

de l'Italie

et de la Suisse,

qui assistaient à la précédente réunion.

La séance est ouverte à deux heures.

M. LE PRÉSIDENT fait connaître à la Conférence que la sous-commission qu'elle a instituée a préparé un avant-projet de convention qui peut, dès à présent, lui être soumis; mais il pense qu'il y aurait avantage à ne pas suivre encore l'ordre des articles, ce qui, en arrêtant la Conférence sur les points de détail secondaires, retarderait nécessairement l'examen des questions essentielles. En conséquence, il propose de discuter d'abord les trois articles importants : celui qui règle le retrait des monnaies divisionnaires italiennes, celui qui concerne les garanties destinées à remplacer la clause de liquidation écartée par la Conférence, enfin celui qui est relatif à la durée de la convention.

Cette proposition ayant été accueillie, M. LE PRÉSIDENT donne lecture de l'article 8 de l'avant-projet ainsi conçu :

ART. 8. Le Gouvernement italien ayant déclaré vouloir supprimer ses coupures divisionnaires de papier inférieures à 5 francs, les autres États contractants s'engagent, pour lui faciliter cette opération, à retirer de leur circulation et à cesser de recevoir dans leurs caisses publiques les monnaies italiennes d'appoint en argent.

Ces monnaies seront admises de nouveau dans les caisses publiques des autres États contractants, dès que le régime du cours forcé du papier-monnaie aura été supprimé en Italie.

Il est entendu que, lorsque les opérations relatives au retrait des monnaies italiennes d'appoint en argent auront été terminées, l'application de l'article 7 sera suspendue à l'égard de l'Italie.

M. LE PRÉSIDENT fait observer que les dispositions du paragraphe Ier de cet article, se bornant à poser le principe du retrait des monnaies italiennes d'appoint en argent, doivent, dans la pensée de la sous-commission, être complétées par un arrangement additionnel et séparé qui aurait pour objet de stipuler le mode d'exécution et les détails de l'opération du retrait. Cet arrangement en supposerait peut-être encore un autre qui serait passé avec un ou plusieurs établissements de crédit, la sous-commission ayant admis que chacun des États intéressés pourrait charger une caisse publique ou un établissement privé de la partie purement financière de l'opération.

M. le Président a cru devoir, en conséquence, faire préparer un projet d'articles additionnels, dont il donne lecture, et qui sont ainsi conçus :

ARTICLE 1er. Le retrait des monnaies italiennes de 20 centimes, 50 centimes, 1 franc et 2 francs qui existent en Belgique, en France, en Grèce et en Suisse, s'opérera à partir du   et devra être achevé le   . A partir de cette dernière date, elles cesseront d'être reçues dans les caisses publiques des États précités.

ART. 2. Elles seront centralisées, par les soins des gouvernements de Belgique, de France, de Grèce et de Suisse, dans les établissements qui seront désignés dans chacun des quatre pays pour en opérer la remise au Gouvernement italien.

ART. 3. A partir du jour où les pièces italiennes cesseront d'avoir un cours in-

ternational, la valeur des monnaies retirées sera portée au débit du Gouvernement italien dans un compte dont les intérêts seront calculés au taux de 3 1/2 p. 0/0.

Les pièces retirées seront livrées en une seule fois au Gouvernement italien, aux lieux qu'il aura désignés.

Art. 4. *Le Gouvernement italien retirera et détruira les coupures divisionnaires de papier pour une somme au moins égale à la valeur des monnaies qu'il aura reçues, sans pouvoir émettre de nouvelles coupures de papier.*

Art. 5. *Le compte des avances prévues à l'article 3 sera liquidé en cinq années, au moyen de la remise de cinq effets d'égale valeur comprenant le capital et les intérêts. Ces effets seront payables dans les capitales de chaque État créancier.*

Art. 6. *Le Gouvernement italien tiendra compte aux autres Gouvernements des frais de toute nature qu'ils auraient déboursés ou qui auront été mis à leur charge par les établissements financiers chargés de l'opération.*

Au sujet de la date à laquelle on devrait faire commencer l'opération, M. le Président fait ressortir l'intérêt qu'il y aurait à effectuer le retrait dans le plus bref délai possible.

M. Feer-Herzog, tout en reconnaissant la réalité de cet intérêt, fait observer qu'il n'est pas possible de terminer l'opération d'ici à l'expiration de la Convention de 1865. Le public peut invoquer un droit acquis à se servir des pièces divisionnaires italiennes jusqu'à l'échéance de cette Convention, c'est-à-dire jusqu'au 1er janvier 1880.

M. le Président répond que, en fait, il ne croit pas que le public ait sujet de se plaindre, et que, en droit, l'objection légale disparaît si le délai pour retirer les pièces de la circulation commence au 1er juillet 1879 pour finir au 31 décembre.

Une discussion s'engageant sur l'expression « *en une seule fois* », qui figure au second paragraphe de l'article 3, et qui pourrait faire croire que l'échange des monnaies divisionnaires devra être effectué en même temps, le même jour, par tous les États contractants, M. le Président explique que telle n'a pas été l'intention des rédacteurs du projet. Il ajoute que, d'ailleurs, la rédaction proposée n'est pas une rédaction définitive.

M. le Président fait observer qu'il est dit, à l'article 6, que le Gouvernement italien tiendra compte aux autres Gouvernements des frais et charges de l'opération. Pour déterminer ces charges, il sera indispensable de connaître les conditions des contrats qui interviendront entre chaque État et les établissements publics ou privés auxquels on s'adressera pour l'exécution.

Néanmoins, il est essentiel que l'arrangement en question, tout en se référant à ces contrats futurs, contienne, à ce sujet, une disposition explicite.

M. Feer-Herzog demande de quelle nature sera la couverture fournie par le Gouvernement italien.

M. le Président rappelle qu'il est stipulé que le payement se fera en cinq effets, soit en bons du Trésor italien, soit en traites sur la capitale de l'État qui reçoit le payement.

M. Ressman se montre disposé à adhérer à cet arrangement, sauf quelques réserves portant sur des questions de détail. Il lui semble que la sous-commission avait admis, en principe, que l'opération serait centralisée à la Banque de France, et que le Gouvernement français se substituerait à ses alliés monétaires, en ce sens que les pièces divisionnaires seraient d'abord versées entre ses mains par les autres États pour être ensuite échangées, par son entremise, avec l'Italie.

Il donne lecture de la formule suivante, qui avait d'abord été adoptée par la sous-commission comme pouvant servir de base au projet d'arrangement :

Le retrait de toutes les monnaies italiennes s'opérerait immédiatement. Elles seraient concentrées à la Banque de France qui les remettrait immédiatement et en bloc à l'Italie, contre remboursement en cinq annuités et moyennant un intérêt à convenir. Cette dette pourrait être représentée par des Bons du Trésor italiens. L'Italie retirerait d'un seul coup et détruirait les coupures divisionnaires pour une somme au moins égale et sans pouvoir en émettre d'autres.

Dans la pensée de M. Ressman, c'est donc aux bons offices de la France que les autres États auraient eu recours pour réaliser l'opération, et c'eût été là, pour l'Italie, une très-utile simplification.

M. Pirmez, s'associant aux observations de M. Ressman, constate que, eu égard à la proportion des intérêts respectifs engagés dans cette affaire, la Belgique et la Suisse n'ont à y remplir qu'un rôle très-accessoire.

M. le Président déclare que c'est effectivement à la formule dont M. Ressman a donné lecture, qu'on s'était référé pour la rédaction des articles du projet d'arrangement. Mais, selon lui, cette formule s'appliquait à la France seule et n'excluait pas l'éventualité d'une opération analogue entre la Belgique et l'Italie et entre la Suisse et l'Italie. Il est important, dit-il, que l'échange dont il s'agit conserve le caractère d'une opération collective, à laquelle coopéreraient de la même manière tous les États de l'Union. S'il en était autrement, cette opération semblerait être un prêt fait séparément par la France à l'Italie,

M. Pirmez fait observer que, dans le cas même où les statuts de la Banque nationale de Belgique ne s'opposeraient pas à ce qu'elle pût faire directement remise à l'Italie des monnaies retirées contre des engagements à long terme, cette opération n'en serait pas moins beaucoup plus difficile pour la Banque nationale de Belgique que pour la Banque de France. Celle-ci a des capitaux considérables qui sont sans emploi; elle pourrait donc se charger de l'affaire dans des conditions beaucoup plus favorables à l'Italie.

M. le Président répond que, lors même que la Suisse et la Belgique feraient chacune l'opération pour la part qui les concerne, rien ne les empêcherait de traiter directement avec un établissement français.

M. Ressman fait remarquer que l'inconvénient pour l'Italie de traiter avec plusieurs États au lieu d'un seul subsisterait encore dans ce système. Il préférerait de beaucoup le mode de procéder qui lui semblait avoir été adopté par la sous-commission.

M. le Président croit qu'il convient d'ajourner la discussion du projet d'arrangement, afin de pouvoir se concerter au préalable avec la Banque de France sur les bases du contrat à intervenir.

Sur sa proposition, la Conférence passe à l'examen des divers systèmes présentés par la sous-commission relativement aux dispositions qui pourraient être prises pour remplacer la garantie de la liquidation.

Ces systèmes sont au nombre de trois.

Le premier système, proposé par M. Feer-Herzog, fait uniquement consister la garantie dans la durée de la convention. Il est ainsi formulé :

La présente convention, exécutoire à partir du 1er janvier 1880, restera en vigueur jusqu'au 1er janvier 1886.

Si, un an avant ce terme, elle n'a pas été dénoncée, elle sera prorogée de plein droit, d'année en année, par voie de tacite réconduction, et demeurera obligatoire jusqu'à l'expiration d'une année après la dénonciation qui en serait faite.

Le second système a été présenté par M. Pirmez dans les termes suivants :

La présente convention restera en vigueur jusqu'au 1er janvier 1886.
Si, un an avant ce terme, elle n'a pas été dénoncée, elle sera prorogée de plein

droit, d'année en année, par voie de tacite réconduction, et demeurera obligatoire jusqu'à l'expiration d'une année après la dénonciation qui en serait faite.

Toutefois, le droit de dénonciation sera suspendu pour ceux des États contractants qui se trouveraient sous le régime du papier-monnaie à cours forcé.

Dans le cas où les États qui useraient de la faculté de dénonciation représenteraient plus de la moitié de la population des États qui auraient le droit de sortir de l'Union, la Convention cessera ses effets à l'égard de toutes les parties contractantes. Dans le cas contraire, elle demeurera obligatoire entre les États qui ne l'auraient point dénoncée et ceux pour lesquels le droit de dénonciation serait suspendu.

Enfin le troisième système, proposé par les Délégués français, est formulé ainsi qu'il suit :

La présente convention restera en vigueur jusqu'au 1er janvier 1885.

Si, un an avant ce terme, elle n'a pas été dénoncée, elle sera prorogée de plein droit, d'année en année, par voie de tacite réconduction, et demeurera obligatoire jusqu'à l'expiration d'une année après la dénonciation qui en serait faite.

Toutefois, les États qui ne sont pas soumis au régime du cours forcé du papier-monnaie auront seuls le droit d'user de cette faculté de dénonciation.

Dans le cas où l'un ou l'autre desdits États dénoncerait la convention, il serait tenu d'échanger, avec ceux dans lesquels le cours forcé n'existerait pas, les pièces d'argent de 5 francs qu'ils auront émises et qui se trouveraient entre les mains des particuliers ou dans les caisses publiques les uns des autres, la différence devant être soldée en pièces d'or frappées dans les conditions de l'article 2 ou en traites sur la capitale.

M. LE PRÉSIDENT fait remarquer que les deux rédactions française et belge, bien que contenant certaines différences, tendent toutes deux au même but, c'est-à-dire à prolonger obligatoirement la convention avec l'Italie jusqu'à ce que la liquidation n'offre plus de dangers.

M. RESSMAN rappelle que les Délégués italiens ont déjà, à plusieurs reprises, fait connaître les instructions formelles qui leur ont été données quant au principe de la liquidation. Ils devaient, dans le cas où ils auraient été conduits à accepter, sous une forme si atténuée qu'elle fût, une clause de liquidation, insister absolument pour obtenir le cours légal des monnaies d'argent et un contingent de fabrication pour toute la durée de la convention, deux conditions qui, précisément, sont déclarées inadmissibles par la majorité des États de l'Union. La Conférence ne voulant pas d'une reprise du monnayage de l'argent que réclameraient vivement les intérêts de l'Italie, M. Ressman espère que ses collègues et lui obtiendront du Gouvernement italien qu'il consente à la suspension de la frappe et renonce à sa demande quant au cours légal de l'argent; mais ce serait à la condition qu'il ne fût plus question de liquidation.

M. Ressman croit donc devoir insister pour que la Conférence s'en tienne au système si simple et si conciliant de M. Feer-Herzog, qui stipule uniquement une condition de durée, à moins qu'on ne veuille remettre de nouveau sur le tapis la question des contingents de fabrication qui avait été écartée. La forme sous laquelle la clause de liquidation avait été d'abord présentée et qui subsiste encore dans la rédaction française, est inadmissible pour l'Italie ; mais, alors même qu'elle serait atténuée et tempérée, comme elle l'est dans la rédaction belge, une pareille condition ne saurait être acceptée par le Gouvernement italien. Le droit de dénoncer la convention, accordé à certains membres de l'Union et refusé aux autres, constituerait, au préjudice de ces derniers, une suspension dans l'exercice de leurs droits souverains et une aliénation de leur liberté telles qu'aucun Parlement n'y consentirait.

En somme, dit M. Ressman en se résumant, la meilleure garantie de la bonne exécution de la convention est dans l'intérêt même de l'Italie, qui désire plus qu'aucun de ses alliés l'amélioration de sa situation financière.

M. LE PRÉSIDENT relève une confusion, que M. Ressman lui paraît avoir faite en disant que la clause de liquidation, telle qu'elle avait été primitivement présentée, subsiste encore dans la rédaction française qui vient d'être lue. Dans cette rédaction, la clause de liquidation ne s'applique éventuellement qu'aux États qui dénonceraient la convention. Elle ne vise donc pas l'Italie qui se trouverait dans une situation spéciale et serait privée du droit de dénonciation.

M. RESSMAN répond que, ne pouvant accepter les dispositions de l'article qui sont relatives à l'Italie, il est par conséquent conduit à rejeter également, en ce qui concerne la liquidation, celles qui s'appliquent aux autres États.

M. PIRMEZ développe les considérations qui l'obligent à demander l'insertion dans la convention de clauses offrant aux États coassociés des garanties nécessaires.

L'Italie, en expulsant l'argent de sa circulation intérieure, a, dit-il, inondé les autres États de sa monnaie d'argent et créé la situation dont on se plaint justement et à laquelle on cherche un remède. Mais cette situation deviendra définitive et irrémédiable, si l'Italie, à l'expiration de la convention, quitte l'Union et reprend la frappe de l'argent, sans que la suppression du cours forcé ait préalablement opéré la résorption de toutes les monnaies italiennes répandues dans les États de l'Union. C'est contre cette éventualité qu'il faut surtout se prémunir, car elle rendrait le mal actuel irréparable.

M. le comte Rusconi objecte que le danger redouté par M. le Délégué de la Belgique est absolument chimérique.

L'Union une fois rompue et le cours forcé subsistant encore, quel intérêt l'Italie aurait-elle à fabriquer une monnaie d'argent qui n'aurait plus cours international?

Il n'y a qu'un seul cas où le Gouvernement italien aurait intérêt à reprendre la fabrication de l'argent, en dehors de l'Union; c'est le cas où le cours forcé aurait été supprimé. Or, tout le monde a reconnu que, lorsque le cours forcé n'existerait plus, la liquidation se ferait tout naturellement et n'offrirait plus aucun danger.

M. Pirmez répond que tout dépend, selon lui, des époques où la suppression du cours forcé et la reprise de la frappe d'argent s'effectueraient. Si le Gouvernement italien, après la rupture de l'Union, reprenait d'abord les payements en espèces, les pièces de cinq francs actuellement en excès dans les États de l'Union retourneraient en Italie. Les alliés monétaires de l'Italie seraient alors pleinement satisfaits. Mais, si le Gouvernement italien, avant de reprendre ses payements en espèces, commence par frapper une nouvelle quantité de pièces de cinq francs, en vue de retirer son papier-monnaie, le danger qui a été signalé tout à l'heure sera irrémédiable.

M. Feer-Herzog désire entrer dans quelques explications au sujet de la rédaction à laquelle on a attaché son nom, bien qu'il n'ait pas tout d'abord présenté son opinion sous cette forme.

Les Délégués suisses avaient, dit-il, pour instructions de se rallier à une clause de liquidation qui serait proposée par un des États de l'Union, sauf à en référer à leur Gouvernement pour le mode de procéder.

Mais, avant tout, il leur paraît nécessaire de ne pas introduire dans la convention des clauses qui n'auraient aucune chance d'être agréées par l'une des parties. Les intérêts vitaux des pays à circulation métallique exigent que la fabrication de l'argent soit suspendue; or, on est fondé à penser que, sur cette question et sur celle du retrait des monnaies divisionnaires, l'assentiment de l'Italie est déjà acquis. Mais il est une autre nécessité qui s'impose à la Conférence, c'est celle d'établir le projet de convention sur des bases telles qu'il puisse être accepté par tous les États de l'Union. Or, si l'on prétendait imposer à l'Italie une clause comme celle de la liquidation, même sous la forme atténuée qui lui a été donnée en dernier lieu, on s'exposerait à blesser le sentiment national et les susceptibilités légitimes d'un grand État et à compromettre ainsi les résultats de la négociation.

M. Feer-Herzog pense donc qu'il faut éviter des formules dans le genre de celles qui ont été proposées et chercher la solution de la question dans la longueur de la durée assignée à la convention, dans une durée de six ans par exemple. Pendant une période aussi prolongée, la situation financière de l'Italie pourra vraisemblablement s'améliorer et les préoccupations qui se manifestent aujourd'hui seraient considérablement amoindries, si, à l'expiration de cette période, le papier-monnaie s'était rapproché du pair.

Telles sont les considérations que M. Feer-Herzog avait cru devoir soumettre à la Conférence dans sa dernière séance, et qui ont dicté la rédaction présentée sous son nom.

M. Baralis remercie M. Feer-Herzog des sentiments qu'il vient d'exprimer. Il insiste de nouveau sur ce point que la liquidation n'avait pas été prévue par la Convention de 1865, et déclare qu'une clause pareille, si elle était insérée dans la nouvelle convention, n'aurait aucune chance d'être acceptée par le Parlement italien.

M. le Président cherche à préciser la nature du danger signalé par M. Pirmez et contre lequel M. le Délégué de la Belgique désirerait se prémunir par d'autres précautions que celle dont se contente M. Feer-Herzog.

En définitive, dit-il, on voudrait être sûr que, si l'Italie se trouve, à l'expiration de la convention, en état de revenir à la circulation métallique, cette opération s'effectuera, tout d'abord, par la résorption des pièces de cinq francs répandues dans les autres pays de l'Union. Or, il ne croit pas, quant à lui, que les choses puissent se passer autrement. La question de liquidation se réduit, comme on l'a déjà dit, à une question d'écart de changes. Si, à un certain moment, l'Italie se trouve en état d'abolir le cours forcé, c'est que, par suite d'une amélioration dans sa situation financière, elle aura pu rétablir le pair du change, et, dans ce cas, on est d'accord qu'il n'y a plus à se préoccuper de la liquidation.

Mais, d'autre part, on a toujours supposé jusqu'ici que le change se réglait sur la valeur de l'or. On pourrait se demander s'il n'en serait pas autrement dans un pays qui établirait une circulation métallique à base unique d'argent. Le pair du change qui aurait permis de reprendre les payements en espèces n'existerait plus alors; le change serait réglé par la valeur de l'argent, et il y aurait un écart provenant de ce que, dans un pays, le change se réglerait sur la valeur de l'or, et, dans l'autre, sur celle de l'argent.

Le danger contre lequel M. Pirmez voudrait se prémunir ne serait donc pas seulement un écart de change provenant de la circulation du papier-monnaie, mais surtout un écart de change provenant de la différence des étalons. Or, M. le Président ne croit pas pouvoir suivre dans cette voie l'honorable Délégué de la Belgique. La France tend vers la reprise du double étalon, et il ne serait pas logique qu'elle se prémunît contre une perte au change provenant de l'argent, puisqu'elle ne redoute pas ce danger pour sa circulation intérieure.

Reste la préoccupation de la perte au change provenant d'une circulation de papier-monnaie. M. le Président partage cette préoccupation. Il cherche, lui aussi, des garanties dans la durée de la convention, mais dans une durée indéterminée, parce qu'il ignore quand le pair du change se produira. Si la convention est faite pour une durée de six ans à partir de 1880, comme le propose M. Feer-Herzog, on doit se demander si cette période de sept ans, qui devra courir depuis le moment actuel jusqu'à l'échéance, peut être considérée comme équivalant à une durée indéterminée.

M. le Président déclare qu'il a été très-frappé des considérations exposées par M. le Délégué de la Suisse et qu'il est seulement préoccupé de savoir si un nombre d'années donné peut offrir les mêmes sécurités qu'une durée indéterminée.

M. Pirmez dit, en réponse aux observations présentées par M. le Président, qu'il ne craindrait pas de voir un autre État prendre l'étalon d'argent et accepter une infériorité de change, si cet État ne devait rien aux autres États de l'Union; mais tel n'est pas le cas. La situation actuelle est mauvaise à cause de l'excès de monnaie d'argent provenant en grande partie du numéraire que le papier-monnaie a fait sortir d'Italie. Cet excès d'argent, dommageable surtout en France aujourd'hui, peut refluer sur la Belgique.

M. Pirmez voudrait être assuré que la reprise de la circulation métallique en Italie fera disparaître ce danger; mais il craint que, au lieu d'y soustraire ses alliés, l'Italie ne le perpétue. Il est certain que, si on lui laisse une entière liberté d'action, elle trouverait de l'avantage, au moment où elle retirerait le cours forcé après la rupture de l'Union, à acheter des lingots sur le marché de Londres et à les faire frapper en écus de cinq francs, au lieu de retirer les pièces qu'elle doit faire revenir des autres États.

. Que la différence des changes provienne du papier-monnaie ou de la dépréciation de l'argent, le résultat sera le même, à savoir : le maintien dans les États à circulation métallique des pièces de cinq francs que l'Italie a le devoir de faire rentrer chez elle.

M. le comte Rusconi estime que la préoccupation manifestée par plusieurs Délégués qui redoutent que les pièces de cinq francs italiennes ne rentrent pas en Italie lors de la reprise des payements en espèces, n'est pas fondée. Il ne voit pas quel intérêt l'Italie aurait, à l'expiration de la convention, à faire monnayer des lingots d'argent plutôt que de se servir des monnaies qui lui seraient renvoyées par la douane ou par d'autres voies.

M. le Président se déclare prêt à se rallier à la rédaction proposée par M. Feer-Herzog.

M. Pirmez ayant fait connaître, de son côté, qu'il ne lui était pas possible de l'accepter sans en avoir référé à son Gouvernement, la Conférence ajourne la décision à prendre au sujet de cette disposition.

M. le Président donne lecture d'un projet d'article relatif à la situation des États à cours forcé du papier-monnaie ; cet article est ainsi conçu :

Dans le cas où l'un des États contractants adopterait le régime du cours forcé du papier-monnaie ou augmenterait par de nouvelles émissions sa circulation de papier-monnaie à cours forcé, cet État cesserait de faire partie de l'Union monétaire.

Il serait tenu, dans ce cas, de reprendre les pièces de cinq francs d'argent qu'il aurait émises et qui se trouveraient entre les mains des particuliers ou dans les caisses publiques des autres États, et de les échanger, dans un délai d'un an à partir de la promulgation de la loi qui aurait édicté les mesures énoncées au paragraphe précédent, contre une égale valeur en pièces d'or ou d'argent frappées par lesdits États ou en traites sur les capitales de ces États.

Cet article, dit M. le Président, a un but pratique, en même temps qu'il consacre un principe.

Le principe, c'est qu'une union monétaire ne peut exister qu'entre des États ayant une circulation métallique. Pendant la durée de la Convention de 1865, il s'est produit un fait grave : l'Italie a été obligée de prendre une circulation de papier. Malgré cette circonstance, les États alliés renouvellent avec elle leur association, en maintenant le *statu quo*. Mais on doit considérer que c'est là un fait anormal, et que l'Union monétaire continue à reposer, en principe, sur la base d'une circulation métallique. On ne maintient l'Union que parce qu'on est convaincu que la circulation métallique y sera partout rétablie avant peu de temps.

S'il en était autrement, la question de la liquidation devrait de nouveau être posée, et il importe beaucoup que la Conférence, en renonçant à la clause de liquidation, ne paraisse pourtant pas adhérer à cette opinion que le recours à la circulation de papier peut ne pas être considéré comme contraire à l'essence même d'un contrat d'union monétaire.

C'est dans ce but que l'article a été rédigé. Il ne vise pas directement l'Italie, ou plutôt il ne s'applique à elle que dans un seul cas, celui où elle aggraverait sa situation actuelle par de nouvelles émissions de papier-monnaie. La France, qui pourrait être considérée comme particulièrement visée par cette disposition, l'accepte, et l'on ne voit pas ce que l'Italie aurait à y objecter.

M. Ressman regrette de ne pouvoir consentir à l'obligation éventuelle qui résulterait pour l'Italie de cette stipulation.

S'interdire d'avance toute nouvelle émission de papier-monnaie serait, dit-il, pour son Gouvernement, une grave détermination dont aucun Ministre ne voudrait assumer la responsabilité. Il peut se présenter une guerre, une crise financière telle qu'une émission de papier-monnaie soit un moyen de salut suprême, et, bien que l'Italie soit fermement décidée à ne prendre une mesure pareille qu'à la dernière extrémité, on ne saurait lui demander de se lier d'avance les mains.

M. Pirmez pense qu'il serait possible d'atténuer la portée de la stipulation dont il s'agit, pour la rendre acceptable par l'Italie, et il soumet à la Conférence la rédaction suivante, qui lui paraît atteindre ce but:

L'obligation des caisses publiques de chaque État à l'égard des monnaies fabriquées par les autres États cessera quant aux monnaies des États qui se mettraient sous le régime du papier-monnaie, ou qui augmenteraient par de nouvelles émissions leur circulation de papier-monnaie à cours forcé.

M. Pirmez fait observer que, si cette clause était adoptée, le Gouvernement italien ne serait plus fondé à dire que, dans l'hypothèse d'une guerre, les forces de l'Italie pourraient se trouver paralysées. Le seul effet de cette clause serait de dégager les autres États de l'obligation de recevoir dans leurs caisses publiques les monnaies italiennes, résultat qui se produirait également s'il n'y avait pas de convention monétaire entre eux et l'Italie.

M. le Président se rallie à la rédaction de M. Pirmez, et croit que, grâce à ces tempéraments, la proposition peut être admise par l'Italie. Il ne s'agirait plus, dans l'hypothèse prévue, que de fermer les caisses publiques aux monnaies italiennes, sans qu'il soit rien stipulé pour les stocks antérieurement accumulés.

M. Feer-Herzog fait observer qu'une pareille mesure tournerait contre les pays au profit desquels elle semblerait avoir été prise. Ce ne sont pas seulement les caisses publiques qui sont à considérer dans un État. Si les caisses publiques cessaient de recevoir les pièces italiennes, la dépréciation de ces pièces amènerait une crise préjudiciable à tous les intérêts privés dans les divers États de l'Union, tandis que l'Italie n'en éprouverait aucun dommage.

M. Ressman dit qu'il ne saurait admettre aucune pénalité du genre de celle qu'on prétend imposer à son pays dans le cas où une nouvelle émission de papier-monnaie serait indispensable et faite par mesure de salut public.

M. Pirmez regrette d'être obligé de déclarer, aux termes de ses instructions, que, si le principe de l'incompatibilité absolue du cours forcé avec l'Union monétaire n'était pas reconnu, la Belgique se verrait dans la nécessité de se retirer de l'Union.

Il y a, dit-il, entre les Délégués italiens et les Délégués des autres États, des divergences de point de vue qui impliquent des questions de principes. L'Italie ne voit qu'une opération légitime là où les autres Etats voient une mesure en contradiction flagrante avec l'esprit de la convention. Il ne faut pas que le silence de la nouvelle convention laisse planer des.doutes sur ces prncipes mêmes.

M. Jagerschmidt (Charles) constate les difficultés qui s'opposent à ce qu'on introduise, à ce sujet, dans la convention, une stipulation impliquant une sorte de pénalité pour les États qui adopteraient le cours forcé ou pour ceux qui, l'ayant déjà, feraient de nouvelles émissions de papier-monnaie. Il apprécie, d'autre part, l'intérêt qu'il y aurait à ce que le principe posé par M. le Délégué de la Belgique et qui, en tant que principe, ne saurait être repoussé par aucun des États de l'Union, fût nettement admis et reconnu.

En conséquence, il demande à la Conférence d'examiner s'il ne conviendrait pas de se borner à insérer au procès-verbal une déclaration dans le sens des observations de M. Pirmez, déclaration qui, bien que dépourvue de sanction pénale, n'en aurait pas moins une portée morale suffisante pour donner, autant que possible, satisfaction aux idées dont M. le Délégué de la Belgique s'est fait l'interprète. Il exprime l'espoir que, si cette combinaison était adoptée, le Gouvernement belge voudrait bien consentir, sur la demande de ses représentants, à modifier, en y adhérant, les instructions qu'il leur a données.

La Conférence, accueillant cette proposition, s'ajourne au samedi 19 octobre.

La séance est levée à cinq heures et demie.

Le Président,
Signé : Léon SAY.

Les Secrétaires,
Signé: Ernest Crampon.
Henri Jagerschmidt.

SIXIÈME SÉANCE.

CONFÉRENCE MONÉTAIRE

ENTRE

LA BELGIQUE, LA FRANCE, LA GRÈCE, L'ITALIE ET LA SUISSE

EN 1878.

6ᵉ SÉANCE.

LUNDI 14 OCTOBRE.

PRÉSIDENCE DE M. LÉON SAY.

Étaient présents, MM. les Délégués

de la Belgique,

de la France,

de la Grèce,

de l'Italie

et de la Suisse,

qui assistaient à la précédente réunion.

La séance est ouverte à deux heures.

Sur la proposition de M. le Président, la Conférence aborde l'examen des questions qui se rattachent à la poursuite et à la répression du faux-monnayage dans les États de l'Union.

M. Landy pense que MM. les Directeurs des Monnaies de Paris et de Bruxelles seront en mesure de donner sur la pratique actuelle du faux-monnayage des renseignements plus complets que ceux dont il dispose, et

il exprime le désir que MM. Ruau et Sainctelette veuillent bien communiquer à la Conférence les informations qu'ils ont recueillies, à ce sujet,
depuis 1876.

En ce qui le concerne, M. Lardy s'est borné à étudier la législation des
divers États européens sur la matière, dans la pensée que la comparaison de
ces différentes législations permettrait de réaliser quelques progrès dans celle
des États de l'Union et peut-être, même, de provoquer, par un échange de
correspondances diplomatiques, le développement de certaines législations
étrangères à l'Union.

Il dépose sur le bureau de la Conférence le texte français ou la traduc-
tion des lois et règlements en vigueur en Allemagne, en Belgique, en
Espagne, en France, en Angleterre, en Italie et en Suisse, sur la contrefaçon, l'altération, la coloration des monnaies et leur émission, ainsi que
sur le traitement à faire subir aux monnaies contrefaites, altérées ou usées
par le frai (annexe A).

M. Lardy ajoute que, en ce qui concerne les *auteurs des crimes contre la monnaie*, les lois de la plupart des États punissent leurs nationaux qui ont commis, à l'étranger, un crime contre la monnaie nationale. Mais il se demande
si, en raison de l'Union qui existe entre les États représentés à la Conférence, il
ne serait pas utile d'assimiler, au point de vue de la répression, les monnaies
admises dans leurs caisses publiques aux monnaies ayant cours légal.

M. le Délégué de la Suisse constate, ensuite, que la loi anglaise n'autorise pas, en général, la punition en Angleterre des crimes commis par un
Anglais hors du Royaume-Uni. Il n'y a, à cette règle, que de très-rares excep-
tions. Si donc, dans un des États de l'Union, une monnaie belge, française, grecque, italienne ou suisse est contrefaite par un Anglais, cet
Anglais n'a qu'à se réfugier dans sa patrie pour être assuré de l'impunité.
A la vérité, l'opinion publique s'est dernièrement émue, en Angleterre, de
cette lacune de la législation, lors de la mise en liberté d'un Anglais qui
avait commis un vol en Suisse et avait été arrêté à Londres, nanti des objets
volés. Une commission royale a même été nommée, en 1877, pour étudier
la question; mais elle s'est prononcée pour le maintien de la loi actuelle et
a déclaré qu'elle préférait que l'Anglais poursuivi pour un crime commis à
l'étranger fût extradé plutôt que jugé en Angleterre. Comme les États du
continent ont pour principe de ne jamais livrer leurs nationaux, et qu'une
loi d'extradition ne peut qu'être réciproque, le rapport de la Commission
royale n'améliore pas la situation. M. Lardy pense qu'il pourrait être utile
d'appeler, par une voie ou par une autre, l'attention du Gouvernement
britannique sur une situation évidemment préjudiciable à l'Union et à la
Grande-Bretagne elle-même, car il pourrait arriver qu'un Anglais se réfugiât
en Angleterre après s'être livré sur le continent à la contrefaçon des monnaies
anglaises.

Après avoir rappelé les communications faites à la Conférence de 1876, par l'éminent M. Dumas, M. Lardy signale l'article 301 du Code pénal espagnol réformé de 1870, article ainsi conçu :

Celui qui, ayant reçu de bonne foi une monnaie fausse, la remet en circulation après avoir constaté sa fausseté, sera puni, si l'émission excède 125 francs, d'une amende égale au triple de la valeur de la monnaie.

Il ne s'agit pas ici de l'émission faite de connivence avec le faux-monnayeur ; cependant, en Belgique, en France, en Allemagne, et dans d'autres pays, la loi réprime sévèrement le délit visé par cet article. L'extrème mansuétude de la législation espagnole, sur ce point, ne peut s'expliquer dit-il, que par l'état déplorable de la circulation monétaire en Espagne. D'après un rapport du Consul général suisse à Madrid, un grand nombre de pièces sont tellement usées que les faux-monnayeurs les plus maladroits ont un vaste champ d'activité ouvert devant eux. Les cas de condamnation sont rares, et il ne serait « presque jamais possible de punir un émetteur de « fausse-monnaie en Espagne, car tout le monde en reçoit, en porte et en « émet inconsciemment, de sorte qu'il y a impossibilité absolue de découvrir « des traces de culpabilité dans l'émission. »

Des renseignements analogues à ceux qui précèdent ont été fournis à M. Lardy par de hauts fonctionnaires français, qui se plaignent de la lenteur des commissions rogatoires, car, lorsqu'il s'agit de crimes contre la monnaie, ces lenteurs ont ordinairement pour conséquence la disparition du corps du délit. Ces fonctionnaires français ont émis l'opinion que le meilleur moyen de remédier au mal consisterait dans une action énergique et combinée des deux polices de France et d'Espagne ; mais on ne peut se dissimuler, dit M. Lardy, que l'envoi d'agents français en Espagne, ou réciproquement, rencontrerait des obstacles de diverse nature.

En résumé, quant à la politique extérieure de l'Union monétaire, M. le Délégué de la Suisse pense qu'il n'est pas possible d'insérer de nouvelles dispositions dans le texte même du traité à conclure et qu'il aura suffi de constater au procès-verbal de la Conférence les graves inconvénients de l'état de choses actuel, pour qu'un ou plusieurs gouvernements de l'Union en poursuivent d'une manière quelconque l'amélioration.

Quant aux mesures à prendre à l'intérieur de l'Union, MM. les Délégués suisses désireraient, avant de se prononcer, entendre les communications de leurs collègues, et notamment celles de M. le Directeur de l'Administration des monnaies et médailles de France et de M. le Commissaire royal des Monnaies en Belgique.

M. Pirmez dit que, d'après la législation belge, le faux-monnayage comporte trois degrés de culpabilité : il y a d'abord le fait de la fabrication ou de l'émission d'accord avec les faux-monnayeurs ; il y a, en second lieu, le fait de se procurer de la fausse-monnaie pour la revendre et réaliser un bénéfice ; et puis, enfin, le fait de chercher à faire passer de la fausse monnaie qu'on a reçue par mégarde.

M. le Président distingue deux questions différentes soulevées par les observations de M. Lardy.

En premier lieu, les cinq États de l'Union peuvent-ils prendre des mesures communes pour réprimer le faux-monnayage ?

En second lieu, peuvent-ils réclamer des améliorations dans la législation pénale des États étrangers à l'Union ?

Au point de vue des mesures à prendre dans l'intérieur des États de l'Union, M. le Président ne croit pas qu'on puisse insérer dans la convention des dispositions qui auraient, par elles-mêmes, pour effet de modifier les lois pénales actuellement existantes dans les États de l'Union.

Une commission a été instituée, en France, pour étudier les mesures de répression qui pourraient être adoptées contre la contrefaçon des monnaies. Cette enquête amènera, peut-être, des modifications dans la loi pénale. Mais M. le Président ne voudrait pas en préjuger le résultat. Tout ce que l'on peut, selon lui, introduire dès aujourd'hui dans la convention, c'est l'engagement par les États contractants d'améliorer leur législation intérieure sur le faux-monnayage.

Au moment où la valeur réelle du métal argent est inférieure à la valeur nominale de l'argent monnayé, il est une autre question qui paraît à M. le Président devoir préoccuper la Conférence. Dans certains pays étrangers, tels que le Chili, le Vénézuéla, on a intérêt à fabriquer des pièces de cinq francs entièrement semblables, pour le poids, le module et le titre, aux pièces de l'Union, et à faire passer ces pièces dans leur circulation. Il serait bon, dit M. le Président, de se prémunir, par des dispositions législatives, contre cette importation. Le meilleur moyen serait, peut-être, de donner aux caisses publiques le droit de couper les pièces de cette nature ; mais ce serait là une mesure très-grave qui entraînerait le droit de couper toutes les monnaies qui n'ont pas cours légal, telles que les couronnes anglaises, les marks allemands, et de détruire ainsi, entre les mains du porteur, la valeur monétaire de pièces qui l'auraient conservée si elles eussent été réexportées dans leur pays d'origine.

Ces diverses considérations ont inspiré à M. Ruau un projet d'article dont M. le Président donné lecture et qui est ainsi conçu :

Les Hautes Parties contractantes prendront les mesures nécessaires pour mettre obstacle à la circulation des monnaies contrefaites ou altérées, ainsi qu'à l'introduction et à la circulation des monnaies étrangères à l'Union non admises dans les caisses publiques.

Cette rédaction, dit M. le Président, à l'avantage d'être conçue en termes très-généraux. Elle n'apporte aucun changement immédiat à la législation pénale des divers États, et, cependant, elle permet d'espérer une réelle amélioration de l'état de choses actuel.

M. Lardy demande si, dans l'opinion de la Conférence, l'introduction de pièces étrangères, telles que les pièces chiliennes, constitue un délit.

M. Pirmez ne croit pas que ce fait puisse être ainsi qualifié.

M. le Président fait observer que tout dépend des circonstances. Si un spéculateur réunit sciemment et volontairement un certain nombre de ces pièces pour les introduire, par surprise, dans la circulation, il lui semble qu'il y a là une manœuvre coupable qui pourrait être atteinte par la loi.

M. Pirmez n'est pas d'avis qu'on puisse trouver les éléments d'un délit dans un acte de cette nature. Abstraction faite des circonstances de leur introduction, le Gouvernement belge pense qu'il serait d'une excessive rigueur de faire couper ces pièces par les caisses publiques.

Il est d'ailleurs important de remarquer, dit M. le Délégué de la Belgique, que chaque État est libre de se défendre contre les invasions frauduleuses ou inconscientes de monnaies étrangères. A cet égard, l'accord est inutile pour que les mesures soient efficaces. Si un État emploie des mesures énergiques, il est probable que les autres seront obligés de suivre son exemple pour ne pas devenir l'asile des monnaies que ces mesures feraient naturellement refluer sur leurs territoires.

M. Feer-Herzog fait remarquer que la Suisse est, par sa position géographique, plus exposée qu'aucun autre État aux conséquences d'une guerre en Europe. Or, dans ces moments de crise, elle peut être obligée, et elle l'a été pendant la guerre franco-allemande, de donner cours légal aux monnaies des pays étrangers à l'Union. Il croit donc que son Gouvernement repousserait toute proposition qui tendrait à empêcher que cette même mesure pût, à l'avenir, être prise en Suisse dans des circonstances analogues.

M. le Président répond que la rédaction proposée ne mettrait pas obstacle aux décisions que le Gouvernement helvétique croirait devoir prendre, puisqu'elle ne vise que les pièces non admises dans les caisses publiques.

M. Feer-Herzog déclare qu'il préférerait à la première partie de la proposition de M. Ruau, une disposition par laquelle les Gouvernements s'engageraient à faire couper, par les caisses publiques, les pièces contrefaites ou altérées.

Il propose, en conséquence, la rédaction suivante :

Les Gouvernements contractants s'engagent à prendre les mesures nécessaires pour que les caisses publiques fassent couper les pièces contrefaites ou altérées qui leur seraient présentées.

M. LE PRÉSIDENT considère qu'il y aurait de graves objections à élever contre une stipulation aussi précise que celle qui donnerait aux caisses publiques le droit de couper les pièces contrefaites ou altérées.

En ce qui touche les pièces contrefaites, il déclare qu'il ne serait pas prêt à adopter immédiatement la solution proposée. Il devrait d'abord s'entendre à ce sujet avec M. le Garde des sceaux. Mais la question est plus délicate encore en ce qui touche les pièces altérées. L'expression « *pièces altérées* » comprendrait sans doute les pièces altérées par l'usure, aussi bien que celles qui l'auraient été volontairement. Or, ce serait une grave mesure que d'appliquer le droit de coupage à cette catégorie de pièces. Si on le restreignait, d'autre part, aux pièces volontairement altérées, on rencontrerait, dans la pratique, une difficulté presque insurmontable.

Quant à la destruction des monnaies étrangères à l'Union, comme les pièces chiliennes et même les pièces anglaises ou autres qui entrent, et souvent par mégarde, dans la circulation, ce serait une innovation désirable sans doute, mais trop grave, à certains égards, pour pouvoir être adoptée dès à présent.

Ces divers motifs, selon M. le Président, devraient faire donner la préférence à une rédaction conçue en termes généraux, telle que celle qui a été préparée par M. Ruau.

M. PIRMEZ ne croit pas que l'expression « *pièces altérées* », employée dans les textes proposés, puisse donner lieu à une difficulté d'interprétation; elle ne peut s'appliquer qu'aux monnaies volontairement altérées. Dans le Code pénal, l'expression « monnaies altérées » est évidemment employée dans ce sens, et l'article de la Déclaration de 1876 qu'il s'agirait de compléter par la nouvelle disposition emploie déjà cette expression dans le même sens.

Il ne pense pas, non plus, que le fait de distinguer les monnaies volontairement altérées de celles qui l'ont été par le frai constitue une difficulté sérieuse; dans presque tous les cas, le caractère de l'altération saute aux yeux.

Ce qui importe, selon lui, c'est que la circulation des pièces contrefaites ou altérées soit arrêtée. Or, le coupage n'est pas le seul moyen qu'on puisse employer en vue de ce résultat. Ces pièces peuvent être mises sous scellés et envoyées à l'Administration des Monnaies pour être examinées, comme cela se pratique actuellement en Belgique. Il lui semble donc, comme à M. le Président, préférable que la convention, sans entrer dans les détails, laisse à chaque État le soin de prendre les mesures qu'il jugera convenables pour empêcher la circulation des monnaies contrefaites ou altérées. En conséquence, M. le Délégué de la Belgique se rallie à la rédaction préparée par M. Ruau.

M. Baralis fait observer qu'on se trouve en présence de trois rédactions : celle de l'article 6 de la Déclaration monétaire de 1876, celle de M. Feer-Herzog qui introduit le droit de couper les pièces contrefaites ou altérées, et celle de M. Ruau. Le système qui consiste à placer sous scellés les pièces arguées de faux, pour en saisir la justice, lui semblerait plus sûr que le procédé du coupage. Mais, selon lui, pour que la convention pût déterminer d'une manière précise les garanties à prendre par tous les États alliés contre le faux-monnayage, il faudrait que la loi pénale fût uniforme dans les cinq pays. Dans l'état actuel des choses, une disposition générale qui laisse chaque État libre d'adopter le mode de répression qui lui convient le mieux paraît préférable à M. Baralis.

Il accepte donc la rédaction de M. Ruau et il demande si l'adoption de cet article entraînerait la suppression de l'article 6 de la Déclaration monétaire de 1876, relatif à la contrefaçon des monnaies.

M. le Président répond que les deux dispositions n'ont rien de contradictoire et qu'elles se complètent plutôt l'une par l'autre.

Après cet échange d'idées, la Conférence adopte le premier paragraphe de l'article proposé par M. Ruau, en en supprimant la seconde partie, relative aux mesures à prendre contre l'introduction des monnaies étrangères à l'Union.

M. le Président fait remarquer que cette suppression n'empêche nullement que chaque État, en particulier, ne puisse prendre, contre l'importation des monnaies étrangères telles que les pièces chiliennes, les mesures qui lui paraîtront nécessaires.

M. Ruau, sur la demande de plusieurs Délégués, entre dans des explications détaillées sur les procédés scientifiques employés aujourd'hui pour la contrefaçon des monnaies, et principalement pour celle des pièces d'or, procédés déjà signalés lors de la Conférence de 1865 et qui ont été depuis plusieurs années l'objet de si étranges et si déplorables perfectionnements.

Sur l'exposé de ces faits, une conversation s'engage entre MM. Sainctelette, Ruau, Pirmez, Baralis et Feer-Herzog au sujet des mesures que l'on pourrait adopter pour entraver les opérations de faux-monnayage, et M. Sainctelette place sous les yeux de MM. les Membres de la Conférence quelques pièces obtenues par les procédés les plus récents. Il insiste auprès d'eux sur la gravité du danger résultant de la perfection à laquelle sont actuellement portés les produits de cette criminelle industrie.

M. Pirmez appelle ensuite l'attention de la Conférence sur le frai des monnaies et sur les dispositions à prendre pour obtenir la meilleure circulation possible.

M. Feer-Herzog rappelle que des expériences ont été faites en Suisse, à Paris et à Strasbourg, pour se rendre compte du degré d'usure des monnaies. Les pièces de vingt francs ont été trouvées en bon état; mais, depuis dix ans environ que ces essais ont eu lieu, la situation a pu se modifier. Il serait donc nécessaire de faire de nouvelles expériences en opérant le triage des pièces par millésime pour mettre en lumière la loi d'accroissement du frai.

Quant à la charge de l'usure des monnaies, qui est supportée par l'État en Allemagne et par les particuliers en Angleterre, les divers États de l'Union n'ont pas tous adopté le même principe. En Italie, c'est le système anglais qui a prévalu. En France et en Belgique, la législation est muette; mais M. le Président a déclaré que le Gouvernement français adopterait volontiers le principe en vertu duquel l'usure est à la charge du public, c'est-à-dire de l'État.

En Suisse, on a d'abord suivi ce principe pour la monnaie d'argent. Mais une loi votée en 1870, et qui n'a pas encore été exécutée, a adopté, pour la monnaie d'or, la méthode anglaise. En fait, cependant, le système du coupage n'a pas été appliqué jusqu'ici, parce que la Suisse se sert surtout des monnaies belges et françaises, et que ce système n'a été adopté, en principe, que pour les pièces nationales.

M. Pirmez croit devoir faire quelques observations au sujet du système d'après lequel, dans un État de l'Union, les monnaies nationales seraient seules coupées. Il résulte de ce système que la Suisse, dont la circulation est presque exclusivement composée de monnaies étrangères, use les pièces fabriquées par les autres États, sans supporter elle-même aucune dépense. Selon M. Pirmez, quel que soit celui des deux principes qu'on adopte, la charge du frai devrait être répartie entre les États proportionnellement à l'usage qu'ils font de la monnaie. Si on met le frai à la charge du porteur, le coupage devrait s'appliquer indistinctement, dans chaque État, aux monnaies de tous les autres; si on le met à la charge des gouvernements, un fonds commun devrait être institué dans ce but.

M. Pirmez fait remarquer incidemment que, en Angleterre, la non-intervention de l'État dans l'entretien de la monnaie pourrait bien être plus apparente que réelle. D'après certains renseignements qui lui sont parvenus, la plupart du temps, la Banque, à moins qu'elle ne soupçonne un triage frauduleux, prend à sa charge les pièces usées. Elle trouve une compensation à cette dépense dans le bénéfice que l'État lui assure sur la fabrication des monnaies. En effet, par suite d'entraves ou de perte de temps, l'accès de l'Hôtel des Monnaies de Londres est, en quelque sorte, fermé au public qui est obligé de passer par l'intermédiaire de la Banque. Celle-ci perçoit un penny et demi par once d'or, ce qui équivaut presque au droit de monnayage des Hôtels des Monnaies de France et de Belgique, et elle fait ensuite, sans perdre d'intérêts, puisque les lingots servent à son encaisse comme les espèces, convertir en monnaies, sans payer aucun droit de monnayage, les matières qui lui ont été remises. Ainsi donc, il y aurait un échange de charges entre l'État et la Banque; l'État donnerait à la Banque ce qu'il serait juste qu'il perçût pour frais de monnayage, et la Banque supporterait une forte part de l'entretien de la monnaie en circulation. N'est-on pas fondé à dire, si ces renseignements sont exacts, que, en réalité et contrairement aux apparences, c'est l'État en Angleterre qui paye les frais d'entretien de la monnaie?

M. Feer-Herzog répond à l'observation de M. Pirmez, qui a paru regretter que la Suisse fasse monnayer ses lingots à l'Hôtel des monnaies de Bruxelles. Si la Belgique est mieux placée et mieux outillée pour fabriquer avantageusement et à meilleur marché la monnaie, il est conforme aux principes d'une saine économie politique de faire frapper les pièces suisses à Bruxelles. C'est l'application de la doctrine du libre-échange.

Quant aux renseignements fournis par M. Pirmez sur le système anglais, M. Feer-Herzog croit devoir les rectifier dans ce sens qu'il faut distinguer la circulation monétaire à l'intérieur de la Cité de la circulation monétaire dans les provinces du Royaume-Uni. La première est excellente, grâce au procédé de coupage qui n'est en aucune façon illusoire; la seconde, au contraire, est très-défectueuse, et les pièces usées qui sont répandues en province ne sont jamais soumises à la vérification.

Il est un fait qui, selon M. Feer-Herzog, soulève de fortes objections contre le système d'après lequel l'entretien de la monnaie est mis à la charge de l'État. La pièce de vingt francs de l'Union latine et le souverain anglais sont des monnaies cosmopolites qui circulent en Égypte, en Roumanie, à la Plata et en beaucoup d'autres lieux. Comment établir la responsabilité des États sur le territoire desquels ces pièces se sont usées? N'est-il pas plus simple d'admettre la responsabilité du porteur?

M. Pirmez désire expliquer le sens de l'observation relevée par M. Feer-Herzog. Il n'a jamais entendu se plaindre de ce que les banquiers suisses fissent fabriquer leur monnaie à Bruxelles, et que l'on se servît en Suisse de la monnaie fabriquée en Belgique; mais ce qu'il a voulu constater, c'est que la Suisse use la monnaie qu'elle fait frapper dans les États voisins sans contribuer à son entretien, et que, s'il lui est parfaitement loisible de faire frapper de la monnaie où bon lui semble, il serait juste aussi qu'elle supportât, pour sa part, les charges de l'usage qu'elle en fait.

M. Ruau présente à la Conférence, suivant le désir qu'elle en a exprimé à la dernière séance, les résultats, figurés par un diagramme, des expériences faites sur le frai des monnaies d'or, en 1868, avec le concours de la Banque de France et sous la direction de M. Dumas, Secrétaire perpétuel de l'Académie des sciences, alors président de la Commission des monnaies. Ces expériences, effectuées avec le plus grand soin, ont porté, en totalité, sur 10,000 pièces de 20 francs. Le diagramme se rapportant au poids moyen d'une pièce, il croit devoir compléter ses indications en faisant connaître que le nombre réel des pièces trouvées en dehors de la tolérance de frai s'est élevé à 1.82 p. o/o. On a déduit de ces expériences, que la durée de l'existence légale des pièces d'or était de 40 ans pour la pièce de 20 francs, de 18 à 20 ans pour la pièce de 10 francs, et de 8 ans seulement pour la pièce de 5 francs.

En admettant une circulation de quatre milliards, et une proportion de 2 p. o/o pour les pièces tombées au-dessous de la tolérance de frai, la dépense de la refonte pour ramener ces pièces au poids droit n'aurait pas atteint un million en 1868. Elle serait certainement plus forte aujourd'hui ; mais on ne pourrait en déterminer le chiffre, avec quelque exactitude que d'après le résultat des nouvelles expériences demandées par la Conférence.

M. le Président est d'avis que la question de répartition des charges de l'usure ne pourra être réglée par une Conférence internationale que lorsque les nouvelles expériences auront permis d'établir, d'une manière à peu près certaine, la loi d'accroissement du frai.

La Conférence adhère à cette conclusion et ajourne au samedi 19 octobre sa prochaine réunion.

La séance est levée à cinq heures et demie.

Le Président,
Signé : Léon SAY.

Les Secrétaires,
Signé : Ernest Crampon.
Henri Jagerschmidt.

LÉGISLATION

DE L'ALLEMAGNE, DE LA BELGIQUE, DE L'ESPAGNE,

DE LA FRANCE, DE LA GRANDE-BRETAGNE, DE L'ITALIE ET DE LA SUISSE

SUR LE FAUX-MONNAYAGE

ET SUR LE RETRAIT DES PIÈCES USÉES.

(*Documents communiqués par M. Lardy.*)

ALLEMAGNE. [1]

EXTRAIT DU CODE PÉNAL DE L'EMPIRE ALLEMAND.

§ 4.

Il n'est pas, dans la règle, exercé de poursuites à raison des crimes ou délits commis à l'étranger. Toutefois, peuvent être poursuivis selon les lois pénales de l'Empire allemand : l'Allemand ou l'étranger qui a commis à l'étranger un acte de haute trahison contre l'Empire allemand ou un État confédéré, ou *un crime contre la monnaie*, ou qui, comme fonctionnaire de l'Empire allemand ou d'un État confédéré, a commis un acte ayant, suivant la législation de l'Empire allemand, le caractère d'un crime ou délit de fonctionnaires....

§ 139.

Quiconque a eu connaissance du projet d'un crime de haute trahison, d'un *crime contre la monnaie*, d'un assassinat, meurtre, enlèvement ou crime contre la société (gemeingefährliches Verbrechen), à une époque où il était possible d'empêcher le crime, et omet d'en donner avis en temps utile à l'autorité ou à la personne menacée par le crime, sera punissable de l'emprisonnement, si le crime ou une tentative punissable dudit crime ont été commis.

8° Section.

CRIMES ET DÉLITS CONTRE LA MONNAIE.

§ 146.

Quiconque contrefait de la monnaie métallique ou du papier-monnaie national ou

---

(1) Renseignements dus à l'obligeance de M. de Claparède, chargé d'affaires de Suisse à Berlin, et de M. le docteur Michaelis, Directeur de l'office des finances à la chancellerie impériale

étranger, pour faire usage de la monnaie contrefaite en la faisant passer pour véritable ou en l'introduisant d'une autre manière dans la circulation, ou quiconque, dans la même intention, donne à de la monnaie véritable, en lui faisant subir des modifications, l'apparence d'une valeur supérieure, ou à de la monnaie retirée, en lui faisant subir des modifications, l'apparence d'une monnaie ayant cours légal, sera puni d'une détention de deux ans au moins; la surveillance de la police pourra aussi être ordonnée.

S'il y a circonstances atténuantes, la peine sera celle de l'emprisonnement.

§ 147.

Les mêmes dispositions sont applicables à celui qui fait entrer comme vraie dans la circulation la monnaie contrefaite ou falsifiée, même si elle n'a pas été contrefaite ou falsifiée dans l'une des intentions désignées à l'article précédent, comme aussi à celui qui se procure la monnaie contrefaite ou falsifiée et la met en circulation ou l'importe de l'étranger dans le but de l'émettre.

§ 148.

Quiconque reçoit comme bonne de la monnaie contrefaite ou falsifiée, et, après avoir constaté la contrefaçon ou falsification, la met en circulation comme bonne monnaie, sera puni d'un emprisonnement de trois mois au plus ou d'une amende de 300 marks au maximum.

La tentative est punissable.

§ 149.

Sont assimilés au papier-monnaie les titres au porteur, billets de banque, actions et certificats provisoires ou quittances en tenant lieu, comme aussi les coupons, feuilles de dividende ou renouvellement qui en dépendent, émis par l'Empire allemand, la Confédération de l'Allemagne du Nord, un État confédéré ou étranger, ou par une commune, corporation, société ou particulier autorisés à émettre des titres de cette nature.

§ 150.

Quiconque diminue des pièces de monnaie destinées à la circulation en les rognant, limant ou d'une autre manière, et les émet comme monnaie légale, ou quiconque émet habituellement et d'accord avec celui qui les a diminuées, comme monnaie légale, lesdites monnaies diminuées, sera passible de l'emprisonnement et pourra en outre être condamné à une amende qui ne pourra dépasser 3,000 marks et à la perte des droits civiques.

La tentative est punissable.

§ 151.

Quiconque, dans le but de commettre un crime contre la monnaie, s'est procuré ou a fabriqué des poinçons, sceaux, timbres, coins, planches, gravures ou autres formes utilisables pour la fabrication de monnaie métallique ou de papier-monnaie, ou de titres assimilés au papier-monnaie, sera puni d'un emprisonnement de deux ans au plus.

152.

Le retrait des monnaies contrefaites ou falsifiées, ainsi que des objets désignés au paragraphe 151, doit être prononcé, même s'il n'y a pas poursuite ou condamnation d'une personne déterminée.

29ᵉ Section.

CONTRAVENTIONS.

§ 360.

Sont punis d'une amende de 150 marks au maximum ou de l'arrestation (haft) :

1 . . . . . .

4. Quiconque, sans mission écrite d'une autorité fabrique, ou livre à d'autres qu'à l'autorité, des poinçons, sceaux, timbres, coins, planches, gravures ou autres formes utilisables pour la fabrication de la monnaie métallique ou du papier-monnaie ou des titres assimilés au papier-monnaie par le § 149, ou de papier timbré, timbres mobiles, timbres secs, d'attestations ou de légalisations officiels ;

5. Quiconque, sans mission écrite d'une autorité, entreprend l'impression des timbres, sceaux, gravures, planches, ou formes désignées sous le n° 4, ou l'impression de formulaires pour les documents officiels, légalisations ou attestations désignées sous le même chiffre, ou les remet à un autre qu'à l'autorité ;

6. Quiconque fabrique ou met en circulation des prospectus, réclames, annonces ou autres imprimés ou images qui ressemblent dans leur forme ou leur ornementation au papier-monnaie ou aux titres assimilés au papier-monnaie à teneur du § 149, ou quiconque fabrique des timbres, gravures, planches ou autres formes susceptibles d'être employés à la fabrication desdits imprimés ou images.

LOI MONÉTAIRE DU 4 DÉCEMBRE 1871.

§ 9.

Les monnaies d'or dont le poids n'aura pas été réduit de plus de 5 millièmes au-dessous du poids droit, et qui n'auront pas été réduites violemment ou illégalement, seront reçues dans tous les payements comme si elles avaient le poids droit.

Les monnaies d'or qui n'atteignent pas le poids courant ci-dessus indiqué et qui auront été reçues en payement par les caisses de l'Empire, des États, des provinces ou des communes, ou par les institutions de crédit et les banques, ne pourront plus être remises en circulation par lesdites caisses et institutions.

Les monnaies d'or qui auront été réduites par le frai au-dessous du poids courant seront refondues aux frais de l'Empire. Ces monnaies seront toujours reçues à leur valeur pleine par toutes les caisses de l'empire et des États confédérés.

LOI MONÉTAIRE DU 9 JUILLET 1873.

ART. 10.

L'obligation d'accepter et d'échanger les monnaies ne s'applique pas aux pièce truquées, aux pièces dont le poids a été diminué autrement que par l'usure de la circulation ordinaire, ni aux pièces fausses.

Les pièces de l'Empire en argent, nickel et cuivre, qui, par suite d'une circulation et d'une usure prolongées, auront notablement perdu de leur poids ou de leur netteté, seront encore acceptées dans les caisses de l'Empire et des divers États, mais elles seront retirées de la circulation pour compte de l'Empire.

AVIS DE LA CHANCELLERIE IMPERIALE

RELATIF

AU RETRAIT DES MONNAIES FALSIFIÉES OU USÉES AU-DESSOUS DE LA TOLÉRANCE LÉGALE.

(Journal officiel de l'Empire allemand, 12 mai 1876, p. 260.)

Le Conseil fédéral, vu l'article 7 de la Constitution de l'Empire, a arrêté, dans sa séance du 24 mars 1876, les dispositions suivantes au sujet du traitement, dans les caisses de l'Empire ou des États, des monnaies contrefaites, falsifiées ou ne se trouvant plus dans les conditions d'une circulation régulière, savoir :

I.

« 1° Toutes les caisses de l'Empire ou des Etats ont l'obligation de retenir toutes les pièces de l'Empire contrefaites ou falsifiées qui leur sont apportées (paragraphes 146 à 148 du Code pénal).

« 2° Si une pièce fausse est reconnue aussitôt comme telle par l'employé auquel elle est apportée, le chef de la caisse doit immédiatement en donner avis à l'autorité compétente, soit judiciaire, soit de police, et lui produire la pièce fausse retenue, en y joignant les lettres d'envoi, étiquette, etc., ou, à défaut, un court rapport sur les circonstances dans lesquelles le retrait a eu lieu.

« 3° Si la falsification d'une pièce paraît douteuse, celle-ci doit, après que le porteur a reçu une attestation de la situation, être envoyée au dépôt des métaux de la monnaie impériale, à la Monnaie prussienne de Berlin... La Monnaie prussienne de Berlin soumettra ces pièces à un examen et: *a*) dans le cas où la monnaie serait reconnue de bon aloi, fera envoyer, pour compte de l'Empire, à la caisse expéditrice, la valeur de la pièce à l'effet de la faire parvenir à l'intéressé, la pièce elle-même devant, s'il y a lieu, être retirée de la circulation; *b*) si la monnaie est reconnue fausse, la rendra à la caisse expéditrice, pour qu'elle agisse comme il est prescrit ci-dessus chiffre I, 2.

II.

« Les monnaies impériales de bon aloi, dont le poids a été diminué par une action violente ou illégale ($ 150 du Code pénal), doivent être également retenues par les caisses de l'Empire et des États.

« S'il y a des soupçons contre une personne déterminée, on doit procéder ainsi qu'il a été indiqué plus haut sous chiffre I, 2.

« Si ce soupçon n'existe pas, la pièce doit être mise dans l'impossibilité de circuler par rupture ou par coupage, puis être ensuite restituée au porteur.

III.

« Les monnaies impériales en or, qui, par suite d'une longue circulation et du frai, ont perdu de leur poids une quantité suffisante pour n'être plus dans les limites de la tolérance légale minima (§ 9 de la loi du 4 décembre 1871), comme aussi :

« Les monnaies impériales d'argent, de nickel et de cuivre, qui, par suite d'une longue circulation et du frai, ont notablement perdu de leur poids ou dont les empreintes se sont notablement effacées, doivent être reprises par toutes les caisses de l'Empire ou des États, à leur valeur pleine, retirées pour le compte de l'Empire, et dirigées sur les caisses suivantes : caisse centrale de l'Empire et caisses générales des Postes en Prusse, etc.

« Les caisses désignées ci-dessus doivent, aussitôt qu'elles ont réuni une quantité suffisante desdites monnaies, les envoyer, contre reçu et dûment emballées et déclarées, au dépôt des métaux de la monnaie de l'empire, à la Monnaie royale prussienne de Berlin, et porter le montant du reçu en compte à la Caisse centrale de l'Empire.

« Les dispositions qui précèdent sont applicables aux monnaies des États allemands aussi longtemps qu'elles n'auront pas été abrogées.

IV.

« Les envois postaux faits en exécution des dispositions qui précèdent, entre les administrations des États ou leurs caisses, d'une part, et le dépôt des métaux de la monnaie de l'Empire, doivent être transportés sans frais. »

Berlin, le 9 mai 1876.

Par autorisation du Chancelier,

Eck.

DÉCISION SUPPLÉMENTAIRE.
(*Journal Officiel de l'Empire allemand du 8 janvier 1878, p. 29.*)

« Le Conseil fédéral a décidé, dans sa séance du 13 décembre 1877, que les monnaies impériales violemment endommagées, mais demeurées de bon aloi, devaient être retenues par les caisses de l'Empire et des États, et rendues, par rupture ou coupage, incapables de circuler, puis restituées au porteur.

« Cet arrêté n'est pas applicable : 1° aux monnaies dont les défectuosités ont été provoquées par des vices de fabrication; 2° à celles qui ont subi un dommage assez minime pour que leur capacité de circulation n'en ait pas été diminuée. »

Voir aussi, au sujet des *billets* et des *bons de caisse de l'empire* (Reichs-Kassenscheine contrefaits, falsifiés, ou endommagés, et devenus inutilisables, les dispositions du § 6, alinéa 2, de la loi du 30 avril 1874 (*Journal Officiel allemand, p. 40*), et le règlement d'exécution adopté le 24 mars 1876 par le Conseil fédéral.

BELGIQUE [*].

—

CODE PÉNAL DE 1867,
LIVRE II,
TITRE III. CRIMES ET DÉLITS CONTRE LA FOI PUBLIQUE.
CHAPITRE Ier. — *De la fausse monnaie.*

ART. 160.

Quiconque aura *contrefait des monnaies d'or ou d'argent ayant cours légal* en Belgique sera puni des travaux forcés de dix à quinze ans.

ART. 161.

Sera puni de la réclusion celui qui aura *altéré les mêmes* monnaies.

ART. 162.

Celui qui aura *contrefait des monnaies d'autre métal* ayant cours légal en Belgique sera puni d'un emprisonnement d'un an à trois ans. Le coupable pourra, en outre, être condamné à l'interdiction des droits civiques pour un terme de cinq à dix ans, (art. 33) et placé pendant cinq ans au moins et dix ans au plus sous la surveillance spéciale de la police.

La tentative de la contrefaçon sera punie d'un emprisonnement de trois mois à deux ans.

ART. 163.

L'altération des mêmes monnaies sera punie d'un emprisonnement de trois mois à deux ans.

ART. 164.

Quiconque aura *contrefait des monnaies d'or ou d'argent n'ayant pas cours légal* dans le royaume, sera puni de la reclusion.

ART. 165.

Sera puni d'un emprisonnement d'un an à cinq ans celui qui aura altéré les mêmes monnaies.

ART. 166.

La contrefaçon des monnaies d'autre métal n'ayant pas cours légal dans le royaume

---

sera punie d'en emprisonnement de 2 mois à 2 ans. La tentative de contrefaçon de ces monnaies sera punie d'un emprisonnement d'un mois à un an.

ART. 167.

L'altération de ces monnaies sera punie d'un emprisonnement de deux à six mois.

ART. 168.

Seront punis comme les faussaires ou comme leurs complices, d'après les distinctions établies aux articles précédents, ceux qui, de concert avec eux, auront participé soit à l'émission ou à la tentative d'émission desdites monnaies contrefaites ou altérées, soit à leur introduction sur le territoire belge ou à la tentative de cette introduction.

ART. 169.

Quiconque, sans être coupable de la participation énoncée au précédent article, se sera procuré avec connaissance des pièces de monnaie contrefaites ou altérées, et les aura mises en circulation, ou tenté de les mettre en circulation, sera puni d'un emprisonnement d'un mois à trois mois.

ART. 170.

Celui qui, ayant reçu pour bonnes des pièces de monnaie contrefaites ou altérées, les aura remises en circulation, après en avoir vérifié ou fait vérifier les vices, sera puni d'une amende de 26 francs à 1,000 francs.

ART. 171.

Ceux qui se rendent coupables de fraude dans le choix des échantillons destinés, en exécution de la loi monétaire, à la vérification du titre et du poids des monnaies d'or et d'argent, seront condamnés aux travaux forcés de quinze à vingt ans.

ART. 172.

Ceux qui ont commis cette fraude dans le choix des échantillons de monnaie d'autre métal seront punis de la reclusion.

CHAPITRE III. — De la contrefaçon ou falsification des sceaux, timbres, poinçons et marques.

ART. 179.

Seront punis de la reclusion ceux qui auront contrefait ou falsifié les poinçons, coins ou carrés destinés à la fabrication des monnaies.

ART. 185.

Sera puni d'un emprisonnement de deux mois à trois ans, quiconque, s'étant indûment procuré les vrais sceaux, timbres, poinçons et marques ayant l'une des destinations indiquées aux articles 179 et 180, en aura fait une application ou un usage préjudiciable aux droits et aux intérêts de l'État, d'une autorité quelconque ou même d'un particulier. La tentative de ce délit sera punie d'un emprisonnement de quizen jours à un an.

Dispositions communes aux infractions qui précèdent.

ART. 214.

Dans les cas prévus aux quatre chapitres précédents, et pour lesquels aucune amende n'est spécialement portée, il sera prononcé une amende de 26 à 2,000 francs.

ART. 192.

Les personnes coupables des infractions mentionnées aux articles 160 à 168, 171 à 176, etc. seront exemptes de peines, si, avant toute émission de monnaies contrefaites ou altérées, ou de papiers contrefaits ou falsifiés, et avant toutes poursuites, elles en ont donné connaissance ou révélé les auteurs à l'autorité.

TITRE IX. CRIMES ET DÉLITS CONTRE LA PROPRIÉTÉ.

CHAPITRE II : *Des fraudes.* — Section III : *De l'escroquerie et de la tromperie.*

ART. 497.

Seront punis d'un emprisonnement de huit jours à trois ans et d'une amende de 50 à 500 francs, ceux qui auront émis ou tenté d'émettre, pour des monnaies d'or ou d'argent, des monnaies de moindre valeur, auxquelles on a donné l'apparence d'or ou d'argent; ceux qui auront émis ou tenté d'émettre pour des pièces de monnaie des morceaux de métal ne portant aucune empreinte monétaire.

TITRE X. DES CONTRAVENTIONS DE DEUXIÈME CLASSE.

ART. 556.

Seront punis d'une amende de 5 à 15 francs, ceux qui, à défaut de convention contraire, auront refusé de recevoir les monnaies non fausses ni altérées, selon la valeur pour laquelle elles ont cours légal en Belgique.

LOI DU 30 DÉCEMBRE 1836.

Des crimes commis à l'étranger.

ARTICLE PREMIER.

Tout Belge qui se sera rendu coupable, hors du territoire du royaume, d'un crime ou d'un délit contre un Belge, pourra, s'il est trouvé en Belgique, y être poursuivi, et il y sera jugé et puni conformément aux lois en vigueur dans le royaume.

ART. 2.

Tout Belge qui se sera rendu coupable, hors du territoire du royaume, contre un étranger, d'un crime ou d'un délit prévu par l'article 1er de la loi du 1er octobre 1833 (assassinat, incendie, faux, y compris la contrefaçon de billets de banque et d'effets publics, *fausse monnaie*, etc.), pourra, s'il se trouve en Belgique, y être poursuivi, et il y sera jugé et puni conformément aux lois en vigueur dans le royaume, si l'étranger offensé ou sa famille rend plainte, ou s'il y a un avis officiel donné aux autorités belges par les autorités du territoire où le crime ou délit aura été commis.

ART. 3.

Les dispositions ci-dessus ne sont pas applicables lorsque le Belge a été poursuivi et jugé en pays étranger.

En ce qui concerne la *destruction des pièces fausses*, voir les procès-verbaux de la Conférence monétaire de Paris en 1876, page 15, où M. Sainctelette a exposé la procédure belge.

Aux termes du paragraphe 3 de l'article 6, titre III, de l'arrêté royal du 30 décembre 1848, organique de l'administration des monnaies, le commissaire des monnaies est chargé de décider les questions sur le titre et la marque des lingots et des ouvrages d'or et d'argent, sur la légalité des poinçons et carrés de l'État et sur les fausses monnaies». L'article 7 de la loi du 21 juillet 1866, approuvant la Convention monétaire de 1865, est ainsi conçu : «Le commissaire des monnaies décide les questions sur le titre des matières d'or et d'argent, sur la légalité des poinçons, des carrés de l'État, et sur les monnaies fausses. »

D'après M. Sainctelette, l'administration des monnaies juge souverainement et restitue les pièces fausses à l'autorité judiciaire.

Quant au *coupage des pièces usées*, il n'existe pas de dispositions législatives ou administratives.

ESPAGNE.

EXTRAIT DU CODE PÉNAL RÉFORMÉ DE 1870.

de la falsification des monnaies.

ART. 294.

Celui qui fabriquera de la fausse monnaie d'une valeur inférieure à la monnaie légale, imitant la monnaie d'or ou d'argent qui a cours légal dans le royaume, sera condamné aux peines de la chaîne temporaire du degré moyen, jusqu'à la chaîne à perpétuité, et à une amende de 2,500 à 25,000 pesetas; la peine sera celle des

---

(*) Renseignements communiqué par M. Häring, vice-consul de Suisse à Madrid.

galères majeures et d'une amende de 250 à 2,500 pesetas si la monnaie fausse imitée est de billon.

ART. 295.

Celui qui rognera la monnaie légale sera condamné à la peine des galères majeures et à une amende de 250 à 2,500 pesetas si la monnaie était d'or ou d'argent, et aux galères correctionnelles des degrés inférieur et moyen et à une amende de 125 à 1,250 pesetas si elle était de billon.

ART. 296.

Celui qui fabriquera de la monnaie fausse de la valeur de la monnaie légale, imitant la monnaie qui a cours légal dans le royaume, sera condamné à la peine des galères correctionnelles des degrés moyen et supérieur et à une amende de 250 à 2,500 pesetas.

ART. 297.

Celui qui fabriquera de la fausse monnaie imitant la monnaie qui n'a pas cours légal dans le royaume sera condamné aux peines des galères correctionnelles des degrés moyen et supérieur et à une amende de 125 à 1,250 pesetas.

ART. 298.

Celui qui rognera de la monnaie qui n'a pas cours légal dans le royaume sera condamné aux peines des galères correctionnelles des degrés inférieur et moyen et à une amende de 500 à 5,000 pesetas.

ART. 299.

Les peines mentionnées dans les articles précédents s'appliqueront dans leurs cas respectifs à ceux qui introduiront de la monnaie fausse dans le royaume.

Seront également condamnés aux mêmes peines ceux qui mettront de la fausse monnaie en circulation lorsqu'il existera une connivence entre eux et les faussaires ou introducteurs.

ART. 300.

Ceux qui, sans la connivence mentionnée à l'article précédent, feront circuler de la monnaie fausse ou rognée et qui l'auraient acquise sachant son état pour la mettre ensuite en circulation, seront condamnés aux peines des galères correctionnelles des degrés moyen et supérieur et à une amende de 125 à 1,250 pesetas.

ART. 301.

Celui qui, ayant reçu de bonne foi de la monnaie fausse, la mettrait en circulation après avoir constaté sa falsification, sera condamné, si la mise en circulation dépasse 125 pesetas, à une amende égalant le triple de la valeur de la monnaie.

ART. 302.

Seront condamnés comme coupables de la tentative des délits d'émission de fausse monnaie, ceux au pouvoir desquels se trouveraient des monnaies fausses qui, par leur nombre et leur caractère, permettent d'inférer raisonnablement qu'elles étaient destinées à la mise en circulation.

DÉCRET DU 21 MAI 1878.

Au directeur général du Trésor : Pour retirer de la circulation et remonnayer au plus vite les monnaies de cuivre antérieures au système monétaire actuel, comme aussi pour diminuer l'excessive abondance de celles qui circulent dans Madrid, et séparer les fausses qu'on présente aux caisses publiques, S. M. le Roi a bien voulu adopter les dispositions suivantes :

1° Dès ce jour et jusqu'à nouvel ordre, la trésorerie centrale et la caisse de l'administration économique de la province de Madrid admettront, pour tous les genres de payements, toutes les pièces de cuivre et de bronze frappées en concordance des systèmes monétaires antérieurs à celui qui a été décrété le 19 octobre 1868. Elles retiendront en leur possession ces pièces pour qu'on les envoie à Barcelone à l'effet d'y être remonnayées.

2° Toutes les pièces qu'on présentera auxdites caisses seront reconnues en présence des détenteurs, et celles qui seront reconnues fausses leur seront restituées, après avoir été coupées en deux morceaux ou plus, dont aucun ne devra dépasser les deux tiers de la pièce mise ainsi hors d'état d'être utilisée.

Le Ministre des Finances,
OROVIO.

FRANCE.

CODE PÉNAL,

LIVRE III, CHAPITRE III.

CRIMES ET DÉLITS CONTRE LA PAIX PUBLIQUE. — SECTION PREMIÈRE. — DU FAUX.

§ 1er. *De la fausse monnaie.*

ART. 132.

Quiconque aura contrefait ou altéré les monnaies d'or ou d'argent ayant cours légal en France, ou participé à l'émission ou exposition desdites monnaies contrefaites ou altérées, ou à leur introduction sur le territoire français, sera puni des travaux forcés à perpétuité.

Celui qui aura contrefait ou altéré des monnaies de billon ou de cuivre ayant cours légal en France, ou participé à l'émission ou exposition desdites monnaies contrefaites ou altérées, ou à leur introduction sur le territoire français, sera puni des travaux forcés à temps.

ART. 133.

Tout individu qui aura, en France, contrefait ou altéré des monnaies étrangères, ou participé à l'émission, exposition ou introduction en France des monnaies étrangères contrefaites ou altérées, sera puni des travaux forcés à temps.

ART. 134.

Sera puni d'un emprisonnement de 6 mois à 3 ans, quiconque aura coloré les monnaies ayant cours légal en France ou les monnaies étrangères dans le but de tromper sur la nature du métal, ou les aura émises ou introduites sur le territoire français.

Seront punis de la même peine ceux qui auront participé à l'émission ou à l'introduction des monnaies ainsi colorées.

ART. 135.

La participation énoncée aux précédents articles ne s'applique point à ceux qui, ayant reçu pour bonnes des pièces de monnaie contrefaites, altérées ou colorées, les ont remises en circulation.

Toutefois celui qui aura fait usage desdites pièces, après en avoir vérifié ou fait vérifier les vices, sera puni d'une amende triple au moins et sextuple au plus de la somme représentée par les pièces qu'il aura rendues à la circulation, sans que cette amende puisse, en aucun cas, être inférieure à 16 francs.

ART. 138.

Les personnes coupables des crimes mentionnés en l'article 132 seront exemptes de peines si, avant la consommation de ces crimes, et avant toutes poursuites, elles en ont donné connaissance et révélé les auteurs aux autorités constituées, ou si, même après les poursuites commencées, elles ont procuré l'arrestation des autres coupables.

Elles pourront néanmoins être mises, pour la vie, ou à temps, sous la surveillance spéciale de la haute police.

ART. 140.

Ceux qui auront contrefait ou falsifié soit un ou plusieurs timbres nationaux, soit les marteaux de l'État servant aux marques forestières, soit le poinçon ou les poinçons servant à marquer les matières d'or ou d'argent, ou qui auront fait usage des papiers, effets, timbres, marteaux ou poinçons falsifiés ou contrefaits, seront punis des travaux forcés à temps, dont le maximum sera toujours appliqué dans ce cas.

ART. 141.

Sera puni de la reclusion quiconque, s'étant indûment procuré les vrais timbres, marteaux ou poinçons ayant l'une des destinations exprimées en l'article 140, en aura fait une application ou usage préjudiciable aux droits ou intérêts de l'État.

CODE D'INSTRUCTION CRIMINELLE.

DES CRIMES ET DÉLITS COMMIS À L'ÉTRANGER.

ART. 5 (modifié par la loi du 27 juin 1866).

Tout Français qui, hors du territoire de la France, s'est rendu coupable d'un crime puni par la loi française, peut être poursuivi et jugé en France.

Tout Français qui, hors du territoire de la France, s'est rendu coupable d'un fait qualifié délit par la loi française, peut être poursuivi et jugé en France, si le fait est puni par la législation du pays où il a été commis.

Toutefois, qu'il s'agisse d'un crime ou d'un délit, aucune poursuite n'a lieu si l'inculpé prouve qu'il a été jugé définitivement à l'étranger.

En cas de délit commis contre un particulier Français ou étranger, la poursuite ne peut être intentée qu'à la requête du ministère public; elle doit être précédée d'une plainte de la partie offensée ou d'une dénonciation officielle à l'autorité française par l'autorité du pays où le délit a été commis.

Aucune poursuite n'a lieu avant le retour de l'inculpé en France, si ce n'est pour les crimes énoncés en l'article 7 ci-après.

ART. 7.

Tout étranger qui, hors du territoire de la France, se sera rendu coupable, soit comme auteur, soit comme complice, d'un crime attentatoire à la sûreté de l'État ou de contrefaçon du sceau de l'État, de monnaies nationales ayant cours, de papiers nationaux, de billets de banque autorisés par la loi, pourra être poursuivi et jugé d'après les dispositions des lois françaises, s'il est arrêté en France ou si le Gouvernement obtient son extradition.

Il n'existe pas en France de dispositions relatives au retrait des espèces usées par le frai.

ARRÊTÉ MINISTÉRIEL DU 1er JUIN 1818

SUR LE COUPAGE DES ESPÈCES FAUSSES (*).

Nous, Ministre Secrétaire d'État au département des finances;

D'après le compte qui nous a été rendu des difficultés qui ont eu lieu dans plusieurs caisses publiques, relativement à des pièces de monnaies fausses qui ont été offertes en payement;

(*) Document dû à l'obligeance de M. Ruau, directeur de l'administration des Monnaies et Médailles à Paris.

Vu l'édit du 15 février 1726,

Avons arrêté ce qui suit :

ARTICLE PREMIER.

Conformément à l'article 2 de l'édit ci-dessus relaté, il est expressément défendu à tous receveurs, percepteurs, payeurs ou autres préposés des caisses royales, de recevoir ni faire entrer dans aucun payement des espèces de fausse fabrique.

ART. 2.

Lesdits receveurs, percepteurs, payeurs ou préposés sont tenus de cisailler et de difformer de manière qu'il ne puisse en être fait usage, les espèces fausses qui leur seront offertes en payement, et de les rendre en cet état au porteur.

ART. 3.

Le présent arrêté sera affiché dans tous les bureaux de perception et de payement de deniers publics; il en sera remis une expédition à M. le sous-secrétaire d'État des finances, pour être notifié circulairement à tous les comptables du Trésor royal.

Une expédition en sera également adressée à LL. EE. les Ministres et Secrétaires d'État de la justice, de la police générale et à la Banque de France.

Paris, le 1ᵉʳ juin 1818.

Signé : COMTE CORVETTO.

Pour expédition conforme :

Le Secrétaire général du Ministère des finances,
Signé : LEFÈVRE.

GRANDE-BRETAGNE (*).

I.

EXTRAIT DE L'ACTE RELATIF AUX CRIMES CONTRE LA MONNAIE
DU 6 AOÛT 1861 (24 ET 25 VICTORIÆ CAP. 99).

ART. 18.

Quiconque fabrique ou contrefait quelque espèce de monnaie d'or ou d'argent qui n'est pas monnaie légale du royaume, mais qui ressemble ou cherche manifestement à ressembler ou à passer pour quelque monnaie d'or ou d'argent d'un prince, État ou pays étranger quelconque, sera, en Angleterre et en Irlande,

---

(*) Renseignements dus à l'obligeance de M. Vernet, agent et consul général de Suisse à Londres.

considéré comme coupable de félonie, et en Écosse, de *high crime and offence*, et sera, s'il est reconnu coupable, passible, à la discrétion de la Cour, de la servitude pénale pour un terme qui ne pourra excéder sept ans et ne pourra être inférieur à trois ans, ou d'un emprisonnement dont le terme ne pourra excéder deux ans, avec ou sans travail forcé et avec ou sans détention cellulaire.

Quiconque, sans autorisation ou excuse légale (la preuve étant à la charge de l'accusé), introduira ou recevra sciemment dans le Royaume-Uni de pareilles monnaies falsifiées ou contrefaites, ressemblant ou cherchant manifestement à ressembler ou à passer pour quelque monnaie d'or ou d'argent d'un prince, État ou pays étranger quelconque, sera, en Angleterre et en Irlande, coupable de félonie, et en Écosse, de *high crime and offence*, et sera, s'il est reconnu coupable, passible, à la discrétion de la Cour, d'une servitude pénale dont le terme ne pourra excéder sept ans ni être inférieur à trois ans, ou d'un emprisonnement dont le terme ne devra pas excéder deux ans, avec ou sans travail forcé, et avec ou sans détention cellulaire.

ART. 20.

Quiconque mettra en circulation ou émettra quelque monnaie falsifiée ou contrefaite ressemblant ou cherchant manifestement à ressembler ou à passer pour quelque monnaie d'un prince, État ou pays étranger quelconque, sachant que ladite monnaie est contrefaite ou falsifiée, sera, en Angleterre et en Irlande, coupable de *misdemeanor*, et en Écosse, coupable de *crime and offence*, et, dans le cas où il serait déclaré coupable, sera passible, à la discrétion de la Cour, d'un emprisonnement qui ne pourra excéder six mois, avec ou sans travail forcé.

L'ARTICLE 21 prévoit, en cas de première récidive pour le cas de l'article 20, un emprisonnement de deux ans au plus avec ou sans travail forcé et avec ou sans détention cellulaire, et en cas de deuxième, etc. récidive, une servitude pénale soit perpétuelle, soit pour un délai de trois ans au moins, ou un emprisonnement de deux ans au maximum, avec ou sans travail forcé et avec ou sans détention cellulaire.

L'ARTICLE 22 punit la contrefaçon ou l'altération de monnaie étrangère de cuivre et autre billon, d'un emprisonnement d'un an au maximum; en cas de récidive, la peine est celle de la servitude pénale pour un maximum de sept ans et un minimum de trois ans, ou un emprisonnement de deux ans au maximum, avec ou sans travail forcé et avec ou sans isolement.

ART. 23.

Quiconque, sans autorisation ou excuse légale (la preuve étant à la charge de l'accusé), sera trouvé avoir en sa garde ou possession plus de cinq pièces de monnaie falsifiée ou contrefaite ressemblant ou cherchant manifestement à ressembler ou à passer pour quelque monnaie d'un prince, État ou pays étranger quelconque, ou à quelque monnaie de billon mentionnée à l'article précédent, devra, s'il est convaincu devant la justice de paix, abandonner et perdre toute ladite monnaie fausse et contrefaite, qui sera coupée en morceaux et détruite par ordre de ladite justice, et devra, pour chaque infraction susdite, payer une somme de monnaie qui n'excédera pas 40 shillings, et ne devra pas être inférieure à 10 shillings pour chaque pièce de monnaie falsifiée ou contrefaite qui sera trouvée en la garde ou possession de ladite personne, une moitié de l'amende étant pour le dénonciateur, l'autre moitié pour les pauvres de la paroisse où le délit aura été commis; et dans le cas où cette amende ne serait pas payée incessamment, la justice de paix pourra astreindre la personne condamnée à payer ladite somme, à la prison ordinaire ou maison de correction, où elle sera maintenue aux travaux forcés pour trois mois, ou jusqu'au payement de l'amende.

ART. 24.

Quiconque, sans autorisation ou excuse légale (la preuve étant à la charge de l'accusé), fabriquera ou réparera sciemment, ou commencera à fabriquer ou réparer, ou achètera ou vendra, ou aura en sa charge ou possession quelque poinçon, contre-poinçon, matrice, timbre, modèle ou moule, dans ou sur lesquels sera faite ouempreinte, ou qui fera ou empreindra, ou qui sera adapté ou disposé pour faire ou empreindre la figure, le timbre ou l'imitation apparente, des deux côtés ou d'un des côtés, des monnaies légales d'or et d'argent de la reine, ou de quelque prince, État ou pays étranger, ou quelque partie d'un ou des deux de ces côtés; ou quiconque fabriquera ou réparera, ou commencera à fabriquer ou réparer, ou achètera ou vendra, ou aura en sa charge ou possession quelque outil, collier ou autre instrument ou engin adapté et organisé dans le but de marquer les bords de la monnaie, de lettres, moulures, ou autres et chiffres ressemblant à ceux des bords de la monnaie désignée dans le présent article, sachant que ceux-ci sont adaptés et organisés comme il a été dit; ou qui fabriquera ou réparera, ou commencera à fabriquer ou à réparer, ou achètera, ou vendra, ou aura en sa charge ou possession quelque presse à monnayer ou quelque autre machine à découper pour couper par la force d'une vis ou de quelque autre mécanisme, des disques d'or, d'argent ou d'autre métal ou mélange de métaux, ou quelque autre machine, sachant que ladite presse est une presse à monnayer, ou sachant que ledit engin ou machine a été employé ou est destiné à être employé pour ou dans le but de falsifier ou contrefaire toute monnaie désignée dans le présent article, sera, en Angleterre et en Irlande, coupable de félonie, et en Écosse, de *crime and offence*, et s'il est convaincu desdits crimes, sera passible, à la discrétion de la Cour, d'être gardé en servitude pénale pour la vie, ou pour un terme qui ne sera pas inférieur à trois ans, ou d'être emprisonné pour un terme ne dépassant pas deux ans, avec ou sans travail forcé, et avec ou sans détention cellulaire.

ART. 25.

Quiconque, sans autorisation ou excuse légale (la preuve étant à la charge de l'accusé), emportera sciemment hors des ateliers de Sa Majesté quelque poinçon, contre-poinçon, matrice, timbre, modèle, moule ou autre outil, instrument, presse ou engin employés dans la fabrication de la monnaie, ou quelque partie utile de quelqu'un des susdits objets, ou quelque monnaie, lingot, métal ou mélange de métaux, sera, en Angleterre et en Irlande, coupable de félonie, et en Écosse, de *high crime and offence*, et s'il est convaincu, sera passible, à la discrétion de la Cour, d'être placé en servitude pénale pour la vie ou pour un terme qui ne doit pas être moindre de trois ans, ou d'être emprisonné pour un terme qui n'excède pas deux ans, avec ou sans travaux forcés, et avec ou sans détention cellulaire.

ART. 26.

Quand une monnaie sera remise comme étant de l'or ou de l'argent courant de la Reine à une personne qui soupçonnera ladite monnaie d'être diminuée autrement que par l'usage raisonnable ou d'être contrefaite, il sera légal pour cette personne de couper, briser, courber ou défigurer ladite monnaie, et s'il est reconnu que cette monnaie ainsi coupée, brisée, courbée ou défigurée est diminuée autrement que par l'usage ordinaire, ou contrefaite, la personne qui l'a fait circuler en supportera la perte ; mais si la monnaie a son poids régulier, et apparaît comme monnaie légale, la personne qui a coupé, brisé, courbé ou défiguré ladite pièce est requise de recevoir celle-ci au taux auquel elle a été monnayée ; et si quelque contestation s'élève sur la question de savoir si la monnaie ainsi coupée, brisée, courbée ou défigurée est diminuée de la manière susindiquée, ou contrefaite, elle sera portée et jugée souverainement, en forme sommaire, devant la justice de paix, qui reçoit, par les présentes, pouvoir d'entendre sous serment, pour la décision de ladite contestation, les deux parties, ainsi que toute autre personne ; et les fonctionnaires du département des finances de Sa Majesté, et leurs fondés de pouvoirs et clercs, et les receveurs généraux de chaque branche du revenu de Sa Majesté, sont requis de rompre, couper ou défigurer, ou faire rompre, couper ou défigurer toute pièce de monnaie d'or ou d'argent contrefaite ou diminuée illégalement qui leur sera remise en payement de quelque partie du revenu de Sa Majesté.

II.

ACTE D'EXTRADITION DE 1870.

33 ET 34 VICTORIÆ 52. ANNEXE I. — *Donnent lieu à extradition, les crimes suivants :*

Contrefaçon et altération de monnaie, et émission de monnaie contrefaite
ou altérée.

III.

CRIMES OU DÉLITS COMMIS À L'ÉTRANGER PAR DES ANGLAIS.

La loi britannique ne punit que dans quelques cas très-rares, notamment en cas de meurtre sur la personne d'un Anglais, les crimes commis hors du royaume par un Anglais. Si l'accusé vient à se réfugier dans son propre pays, il échappe à toute punition. Cet état de choses a préoccupé l'opinion publique. Une commission, nommée par la Reine le 18 août 1877, a rédigé un rapport transmis depuis lors au Parlement britannique, et dans lequel se trouvent, au sujet de la punition des crimes ou délits commis hors de leur pays par les Anglais, les considérations suivantes :

« Il est indifférent que le criminel fugitif soit sujet de l'État qui demande sa remise ou sujet du pays auquel il est réclamé. La solution de ce point n'est toutefois pas exempte de difficultés, et la plupart des traités existants contiennent la stipulation que le criminel fugitif, s'il est sujet de l'État dans lequel il est découvert, ne sera pas livré pour un crime commis dans l'autre État.

« En faveur de cette restriction, on dit qu'un homme ne doit pas être distrait de ses juges naturels ; que l'État doit à ses sujets la protection de ses lois, et qu'il manque à son devoir s'il en fait passer un seul sous une juridiction étrangère, en le privant ainsi des garanties accordées par la loi de son propre pays; qu'il est impossible de placer une confiance entière dans la justice d'un pays étranger, spécialement lorsqu'il s'agit de procès contre des sujets d'un autre pays; enfin que c'est un désavantage sérieux d'être jugé dans une langue étrangère et là où un accusé est séparé de ses amis, de ses ressources, et de ceux qui pourraient porter témoignage sur sa réputation et sa vie privée. On devrait donc pouvoir juger dans son propre pays une personne accusée d'avoir commis un crime dans un autre, au lieu de la remettre à l'État étranger pour le jugement.

« A ceci il peut être répondu d'abord que, si chaque infraction aux lois pénales commise par un sujet britannique, sous l'empire d'une juridiction étrangère, doit être jugée et réprimée par les tribunaux anglais, comme si elle avait été commise en Angleterre, cela demanderait un changement des plus considérables dans le système entier de nos lois criminelles, qui a jusqu'à présent admis ce principe en très-peu de cas seulement, par des raisons toutes spéciales, et n'a jamais reconnu le devoir ou accepté la responsabilité d'exercer un contrôle général de police ou de répression sur les actions des sujets britanniques en pays étrangers.

« De plus, et si cet argument a quelque valeur, chaque homme accusé d'un méfait dans un pays dont il n'est pas sujet devrait, par arrangement commun entre les différents gouvernements, être envoyé chez lui pour être jugé, au lieu d'être jugé là où a été commis le méfait, et cela, bien que les lois des deux pays puissent être fort différentes en ce qui regarde la qualification et le degré du crime. Accorder à l'accusé la facilité de réclamer son renvoi chez lui pour le jugement serait une proposition trop extravagante pour être examinée.

« L'infraction aux lois pénales est une atteinte portée à la loi du pays dans lequel l'infraction supposée a été commise.

« Une personne demeurant dans un pays étranger doit obéissance à la loi de ce pays, en retour de la protection qu'il lui accorde, aussi bien que si elle était sujet de ce pays. Pourquoi, parce qu'il s'est soustrait à la juridiction de cette loi étrangère, le coupable dont l'extradition est demandée serait-il dans une position différente de celle où il aurait été dans le pays duquel il s'est échappé ?

« L'extradition, comme système, est basée sur la supposition que, dans la grande majorité des cas, les personnes dont la remise est demandée, ont violé la loi du pays qui les réclame. Les exemples de demandes d'extradition d'innocents sont extrêmement rares. Avec les garanties et les sauvegardes que nous mettons nos soins à propager, la possibilité devient de plus en plus éloignée de voir un innocent soumis à un traitement injuste.

« Quant à l'objection qu'il ne peut être placé de confiance devant les tribunaux étrangers, il est certain que, lorsque nous invitons les autres nations à s'unir à nous dans un système d'extradition, toute restriction qui impliquerait un doute sur la compétence ou la justice de leurs tribunaux serait une inconséquence frappante. L'extradition est basée sur la confiance mutuelle dans l'administration de la justice par les tribunaux des deux nations. Elle procède sur l'assurance qu'une justice impartiale sera rendue au sujet extradé. Nous refusons de rendre même un étranger, lorsque nous n'avons pas cette assurance. Ce serait un affront pour n'importe quelle nation d'assurer que, lorsqu'un étranger est accusé d'un crime contre la loi de cette nation, les tribunaux de ce pays ne rendraient pas justice à cet étranger aussi équitablement et aussi impartialement que s'il s'agissait d'un de leurs nationaux. Nous savons que dans notre pays un accusé étranger jouit en justice du même traitement et des mêmes garanties que s'il était un sujet anglais né en Angleterre. Quand la remise d'un de nos sujets est demandée, nous n'avons pas de titre à déclarer qu'il ne sera pas bien traité une fois extradé. L'autre alternative étant, on ne doit pas l'oublier, que le criminel jouirait d'une complète impunité, nous devons avoir entièrement la confiance qu'un de nos sujets trouvera de la part d'un tribunal étranger la même impartialité qu'un étranger trouvera auprès de nos tribunaux, et nous devons agir en conséquence.

« Il ne peut y avoir d'hésitation entre les deux systèmes. C'est la loi du pays étranger qui a été violée : c'est par cette loi que le fait aussi bien que le degré de la criminalité et la mesure de la punition devront être déterminés ; c'est par ceux seuls qui ont à appliquer cette loi que ces questions peuvent être décidées convenablement.

« De plus, les témoins sont dans le pays étranger et ne peuvent être amenés dans celui de l'accusé qu'avec de grands frais et dérangements. Il est vrai que leur témoignage peut être recueilli chez eux et transmis par écrit; mais cela ne constitue nullement un mode de procéder satisfaisant au point de vue de l'administration de la justice criminelle, et ce mode de procéder pourrait tourner au sérieux désavantage de l'accusé, parce que les preuves auront été cherchées derrière son dos, sans aucune occasion de débats contradictoires (*cross-examination*) ou d'enquête sur le degré de créance que méritent les témoins, sur leur caractère, leur honorabilité, etc., toutes choses qui peuvent bien être jugées dignes de contrebalancer les désavantages pouvant résulter pour l'accusé de ce qu'il soit jugé hors de son pays.

« En résumé, nous sommes d'avis que la stipulation n'est pas nécessaire ni urgente, et nous recommandons qu'elle soit omise dans les traités futurs, et que des efforts soient faits pour que les traités existants soient modifiés à cet égard. »

IV.

LOI ANGLAISE SUR LA MONNAIE, DU 4 AVRIL 1870.

ART. 7.

Lorsqu'une pièce d'or du royaume se trouve au-dessous du poids courant prescrit par le présent acte, ou lorsqu'une pièce est démonétisée par un édit, toute personne, soit par elle-même, soit avec le concours d'autres personnes, coupera, brisera, ou mutilera ladite pièce qui lui sera offerte en payement, et la personne qui l'offrira en subira la perte.

Si la pièce coupée, brisée ou mutilée en vertu de la présente section n'est pas au-dessous du poids courant, ou n'a pas été retirée de la circulation par édit, la personne qui aura coupé, brisé ou mutilé cette monnaie la recevra en payement à sa valeur nominale.

Toute contestation qui résultera de l'application des dispositions de la présente section sera vidée par une procédure sommaire.

ART. 18.

Toute procédure sommaire prévue par le présent acte peut être introduite, et l'amende encourue en vertu du présent acte peut être recou vrée :

En Angleterre, devant deux juges de paix, de la manière indiquée dans l'acte de la session des onzième et douzième années du règne de Sa Majesté la Reine Victoria, chapitre 43, intitulé : « Acte pour faciliter l'accomplissement des devoirs des justices de paix hors des sessions, à l'intérieur de l'Angleterre et du Pays de Galles, en ce qui concerne les jugements et ordres sommaires » ou dans tout autre acte qui amenderait l'acte précité ;

En Ecosse, de la manière prescrite dans l'acte de procédure sommaire de 1864 ;

En Irlande, pour Dublin, de la manière prescrite par les actes réglant les pouvoirs des justices de paix ou de la police de la métropole de Dublin, et partout ailleurs, de la manière prescrite par l'acte des petites sessions (d'Irlande) 1851, et par tout acte qui amenderait ce dernier ;

Dans les possessions britanniques, devant les juges de paix, etc.

ITALIE [*].

EXTRAITS DU CODE PÉNAL.
DISPOSITIONS PRÉLIMINAIRES.

ART. 5.

Le regnicole qui aura commis sur territoire étranger un crime contre la sûreté de l'État, ou de contrefaçon des sceaux, *monnaies*, billets, obligations de l'État ou *papiers de crédit public équivalents à la monnaie*, sera jugé et puni dans le royaume selon les dispositions du présent Code.

ART. 7.

Sera jugé et puni selon les dispositions du présent Code, l'étranger qui aura commis sur territoire étranger un crime contre la sûreté de l'État, ou de contrefaçon des sceaux, *des monnaies*, billets, obligations de l'État ou *papiers de crédit public équivalents à la monnaie*, s'il est arrêté dans le royaume ou extradé par d'autres gouvernements.

LIVRE II, TITRE IV, CHAPITRE Ier.
De la falsification des monnaies, billets ou obligations de l'État, sceaux, timbres et empreintes.

PREMIÈRE SECTION.
De la fausse monnaie.
ART. 316.

Celui qui, sans autorité légitime, fabrique de la monnaie, en contrefaisant celle frappée au coin du Roi, ou en contrefaisant une monnaie étrangère ayant cours

---

légal dans un pays étranger quelconque, ou celui qui altère la vraie monnaie, commet le crime de falsification de monnaie.

ART. 317.

La monnaie contrefaite sera toujours considérée comme fausse, même si sa valeur intrinsèque est égale ou supérieure à celle de la vraie monnaie.

ART. 318.

L'altération de la vraie monnaie se fait, soit en la rognant ou en la raclant, soit en se servant de tout autre moyen pour en diminuer la valeur. L'altération a également lieu quand on emploie des moyens pour donner à la monnaie l'apparence d'une valeur supérieure.

ART. 319.

Quiconque aura fabriqué de la fausse monnaie d'or ou d'argent, en contrefaisant celle frappée au coin du Roi, sera puni du maximum des travaux forcés à temps.

Si la fausse monnaie est de billon ou de cuivre, la peine sera celle des travaux forcés jusqu'à 15 ans.

ART. 320.

Quiconque aura fabriqué dans les États du Roi de la fausse monnaie d'or ou d'argent en contrefaisant celle frappée à une effigie étrangère ayant cours légal dans un pays quelconque, sera puni des travaux forcés jusqu'à 15 ans.

Si la fabrication fausse a porté seulement sur de la monnaie de billon ou de cuivre, la peine sera au minimum celle de la reclusion pour 7 ans au moins, et au maximum celle des travaux forcés pour 10 ans.

ART. 321.

Les peines susindiquées seront réduites d'un degré si les coupables avaient seulement commencé la fabrication de fausse monnaie.

ART. 322.

Si l'auteur des crimes dont il est question dans les trois articles précédents est un employé de la monnaie royale, il sera puni de la peine infligée pour chacun des cas mentionnés dans lesdits articles, augmentée d'un degré.

ART. 323.

Si la valeur intrinsèque de la fausse monnaie est égale ou supérieure à celle de la vraie, ou si la fausseté est facile à reconnaître, la peine établie dans tous les cas susindiqués sera respectivement diminuée d'un degré.

ART. 324.

L'altération de la monnaie d'or ou d'argent sera punie de la reclusion pour un temps qui ne pourra excéder 7 ans, si la valeur qu'on a voulu soustraire à la monnaie altérée ne dépasse pas 50 livres et s'il n'y a pas de circonstance aggravante; si elle dépasse cette valeur, ou s'il y a concours de circonstances aggravantes, la peine sera augmentée d'un ou deux degrés et pourra être portée aux travaux forcés pour une durée de 15 ans. Dans le cas de l'altération des monnaies prévu à l'article 318, la peine sera celle de la reclusion pour un temps qui ne dépassera pas 7 ans, et elle sera seulement celle de l'emprisonnement si la valeur apparente qu'on a voulu chercher à ajouter ne dépasse pas 50 livres.

ART. 325.

Quiconque, de concert avec les falsificateurs de monnaie royale ou étrangère, aura aidé à introduire ces monnaies dans les États du Roi, ou à les y mettre en circulation, sera puni comme s'il était auteur de fabrications ou d'altérations commises dans les États du Roi.

ART. 326.

Celui qui, sans entente avec les falsificateurs, introduira ou émettra frauduleusement dans les États du Roi des monnaies fausses ou altérées, sera puni de la reclusion pour un temps qui ne pourra excéder 7 ans, ou de l'emprisonnement.

elui qui aura reçu ces monnaies comme vraies, et les émettra après les avoir reconnues comme fausses ou altérées, sera puni de l'emprisonnement.

ART. 327.

Celui qui, ayant reçu une monnaie, l'aura reconnue comme fausse, est tenu de la remettre aux administrateurs des monnaies royales ou aux autorités locales et de leur donner des renseignements sur sa provenance, sous peine de payer le double de la valeur nominale de la monnaie. La somme à payer, en ce cas, ne devra jamais être inférieure à 20 livres.

ART. 328.

Quiconque aura fabriqué ou fera fabriquer, ou aura sciemment, dans sa maison ou ailleurs, des coins, moules, creusets, machines ou autres instruments aptes à la fabrication des fausses monnaies, sera, par ce seul fait, puni de la reclusion jusqu'à 7 ans. Cette disposition ne s'applique pas aux orfèvres ou autres personnes auxquelles ces instruments sont nécessaires pour l'exercice de leur métier, science ou profession.

DEUXIÈME SECTION.

FALSIFICATION DES BILLETS DE BANQUE, OBLIGATIONS DE L'ÉTAT OU AUTRES PAPIERS DE CRÉDIT ÉQUIVALENTS À LA MONNAIE.

ART. 329.

Celui qui aura contrefait ou falsifié des billets de banque ou obligations de l'État, ou autres papiers de crédit public équivalents à la monnaie, sera puni de la peine des travaux forcés jusqu'à 15 ans. Sera puni de la même peine celui qui aura sciemment introduit dans les États du Roi lesdits billets de banque, obligations ou effets falsifiés ou contrefaits, ou en aura fait usage.

ART. 330.

S'il s'agit de la contrefaçon ou de la falsification, dans les États du Roi, d'obligations ou d'effets publics équivalents à la monnaie, émis sous un titre quelconque par un gouvernement étranger, ou de l'introduction frauduleuse desdites valeurs dans les États du Roi, dans quelque pays qu'elles aient été contrefaites ou falsifiées, ou de l'emploi frauduleux des mêmes valeurs, la peine sera celle de 5 ans de reclusion au minimum et de 10 ans de travaux forcés au maximum.

ART. 331.

Celui qui aura reçu comme bons les effets publics mentionnés dans les deux articles précédents, et qui, après en avoir reconnu la fausseté, les aura néanmoins remis en circulation, sera puni de la reclusion jusqu'à 7 ans, ou de l'emprisonnement, suivant le cas.

DISPOSITION COMMUNE AUX DEUX SECTIONS PRÉCÉDENTES.

ART. 332.

Les coupables des crimes mentionnés dans les articles précédents seront exempts de toute peine, si, avant de consommer le crime de falsifiation de monnaie ou d'effets publics, ou même si, après la consommation du crime, avant qu'aucun acte de procédure n'ait été commencé, ils ont procuré l'arrestation d'une partie ou de tous les autres coupables.

Lesdits coupables pourront néanmoins, quoiqu'ils soient exempts de peine, être soumis à vie ou à temps à la surveillance spéciale de la sûreté publique.

LOI DU 24 AOÛT 1862

SUR L'UNIFICATION DU SYSTÈME MONÉTAIRE.

ART. 10.

Les monnaies diminuées au delà de la tolérance déterminée par la loi, et toutes celles qui ont été rognées, percées, défigurées et usées de façon à ce que l'empreinte ne soit plus reconnaissable sur les deux côtés ou sur un seul, sont exclues de la circulation et reçues seulement comme matière aux bureaux du change des monnaies.

SUISSE.

La Constitution attribue au pouvoir fédéral la régale des monnaies. On peut donc considérer les crimes ou délits contre les monnaies comme des crimes ou délits contre la Confédération. Cependant le Code pénal fédéral ne contient pas d'articles spéciaux relatifs à la fausse monnaie. En fait, la répression de ce crime est laissée aux législations cantonales.

Au printemps de 1878, la commission de gestion a émis l'idée qu'il serait opportun de faire une loi fédérale sur la matière, quelques cantons ayant prononcé des répressions insuffisantes au gré de l'Administration fédérale de la Monnaie. Un projet de loi édictant des dispositions communes à toute la Suisse est à l'étude. La constitutionnalité de ce projet semble indiscutable.

Le seul arrêté fédéral relatif à la fausse monnaie porte la date du 17 mai 1867 il se rapporte au coupage des *pièces fausses*. En voici le texte :

ARTICLE PREMIER.

Les employés aux finances fédérales sont invités, et les employés cantonaux aux caisses publiques sont autorisés à retirer de la circulation, en les coupant, les pièces fausses qui leur seraient données en payement ou présentées de toute autre manière, et à les rendre au porteur ou à l'expéditeur.

Sont naturellement réservées les dispositions législatives en vigueur quant aux mesures de police à prendre pour le cas où la personne ou la maison dont il s'agit serait soupçonnée d'avoir fabriqué de la fausse monnaie ou de l'avoir sciemment mise en circulation. Dans ce cas, on devra avertir immédiatement du fait l'autorité de police compétente, en lui remettant les pièces trouvées fausses.

ART. 2.

S'il existe des doutes sur la fausseté d'une ou de plusieurs pièces retirées de la circulation de la manière prescrite à l'article 1ᵉʳ, ces pièces peuvent être envoyées à l'Hôtel fédéral des monnaies pour y être soumises à une vérification. S'il résulte de cette vérification que les pièces mises hors de cours étaient de bon aloi, la Confédération rembourse la totalité de leur valeur.

***

Quant aux *monnaies usées par le frai*, l'article 13 de la loi du 7 mai 1850 sur les monnaies fédérales, applicable aux pièces suisses de 5 francs, 2 francs, 1 fr. et 50 cent. en argent, est conçu comme suit :

« Les pièces de monnaie suisses usées seront retirées de la circulation, refondues et remplacées par des neuves; les frais de ces opérations seront portés chaque fois au budget des dépenses. »

L'article 3 de la loi du 22 décembre 1870, sur la frappe des monnaies d'or, stipule, au contraire, que : « L'article 13 de la loi monétaire du 7 mai 1850 n'est pas applicable aux pièces d'or suisses. »

« Les pièces d'or dont le poids se trouvera, par suite de l'usure, diminué de 1/2 p. o/o au-dessous de la tolérance inférieure (article 2 de la Convention du 23 décembre 1865) ne seront plus considérées comme monnaie légale. »

***

FRAI DES MONNAIES D'OR.

DIAGRAMME DU FRAI DE LA PIÈCE DE 20 FRANCS.

(Expériences de 1868.)

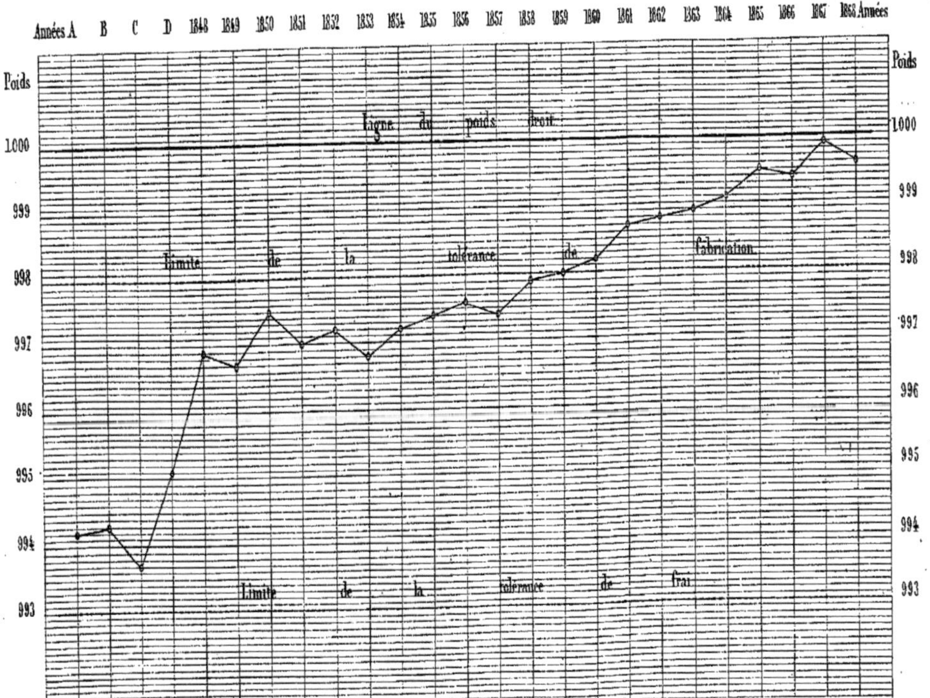

A: Consulat et Empire. B: Louis XVIII. C: Charles X. D: Louis-Philippe.

SEPTIÈME SÉANCE.

CONFÉRENCE MONÉTAIRE

ENTRE

LA BELGIQUE, LA FRANCE, LA GRÈCE, L'ITALIE ET LA SUISSE

EN 1878.

7ᵉ SÉANCE.

SAMEDI 19 OCTOBRE 1878.

PRÉSIDENCE DE M. LÉON SAY.

Étaient présents, MM. les Délégués

de la Belgique,

de la France,

de la Grèce,

de l'Italie

et de la Suisse,

qui assistaient à la précédente réunion.

La séance est ouverte à 2 heures.

M. Pirmez demande à revenir sur le débat relatif au cours forcé des billets de banque. Il rappelle les propositions faites, à ce sujet, à la séance du 11 octobre, et qui n'ont pas été adoptées.

Les unes, concernant l'éventualité, soit de l'adoption du cours forcé par un des États de l'Union, soit de l'aggravation de ce régime dans les États où il existe déjà, avaient pour objet de déterminer, dans l'un et l'autre de ces deux cas, les droits des États à la circulation métallique.

Les autres, concernant la situation actuelle, avaient pour objet de déterminer les obligations qui, à l'expiration de la convention, incomberaient aux États qui ont actuellement une circulation de papier-monnaie.

Le principe sur lequel reposent ces propositions a été clairement démontré. La Conférence, dit M. Pirmez, ne peut avoir oublié avec quelle netteté M. le Président a établi que le régime du cours forcé est contraire à l'essence même d'une convention monétaire.

Il découle nécessairement de ce principe, que chaque État a le droit de se prémunir contre les suites préjudiciables que peut avoir pour lui l'établissement de ce régime dans un autre État de l'Union, et que l'État qui a adopté ce régime ne peut être considéré comme dégagé de ses engagements s'il n'est pas, avant la rupture de l'Union, revenu, par la reprise des payements en espèces, à une situation normale.

Les instructions données par le Gouvernement belge à ses représentants ne leur permettaient d'adhérer à la nouvelle convention que si elle consacrait les importants principes contenus dans ces propositions; ils l'ont déclaré.

C'est à ce moment du débat que l'un des Délégués français, M. Charles Jagerschmidt, a suggéré l'idée qu'il serait possible de suppléer au silence de la Convention sur ces principes par des déclarations insérées au procès-verbal de la Conférence. M. Pirmez se déclare autorisé par son Gouvernement à se rallier à cette solution.

Il n'insistera donc plus sur les propositions qu'il avait présentées ou appuyées; mais il a le devoir de dire nettement sous quelles réserves le Gouvernement belge consent à renouveler la convention sans qu'elle renferme ces propositions.

Le Gouvernement belge considère que le régime du papier-monnaie est en contradiction absolue avec la base même d'une convention monétaire.

En conséquence, M. le Délégué de la Belgique déclare :

1° Que si, à l'avenir, un des États de l'Union établit, ou aggrave par de nouvelles émissions, le cours forcé des billets de banque, le Gouvernement belge admet que les autres États sont, par ce fait, autorisés à prendre toutes les mesures qui leur paraîtraient nécessaires pour se soustraire aux suites dommageables que créerait cet état de choses contraire à la Convention;

2° Que le Gouvernement belge tient pour une conséquence directe et certaine des obligations de la convention actuelle, obligations maintenues par le renouvellement du contrat, qu'un État dans lequel existe le cours forcé ne peut recouvrer sa pleine et entière liberté d'action vis-à-vis des autres États ses associés, même après l'expiration de la Convention, qu'autant qu'il les aura dégrevés des charges que le régime du cours forcé aura pu faire peser sur eux.

Réserve faite de ces principes, au nom de son Gouvernement, M. Pirmez reconnaît la sérieuse valeur des motifs qui ont déterminé la Conférence à ne pas les formuler dans la convention, et il croit devoir rappeler ces motifs pour qu'on ne puisse pas induire du silence de la convention que c'est le fond même des propositions, basées sur ces principes, qui a été écarté.

On a, dit-il, considéré justement que des stipulations formelles concernant l'interdiction du régime du papier-monnaie n'auraient en elles-mêmes que peu de force préventive ou réparatrice, puisque, par sa nature même, le cours forcé s'impose presque toujours irrésistiblement à la volonté des Gouvernements qui le décrètent, et que les États sur lesquels cette mesure rejaillirait ne peuvent guère apprécier les moyens propres à en atténuer les effets que d'après les circonstances. Et si l'on ajoute à cette considération le peu de probabilité du fait même de l'établissement de ce régime, là où il n'existe pas, ou de son aggravation, là où il existe déjà, on comprend qu'il ait paru surabondant de formuler, en cette matière, des dispositions spéciales.

La durée assez prolongée de la nouvelle convention permet, du reste, aux États qui ont le cours forcé de faire des efforts efficaces pour le supprimer avant le terme de l'Union, et dès lors il ne paraît pas indispensable de régler immédiatement les difficultés éventuelles d'une dissolution, qui certainement déjà se trouve différée de plusieurs années et que des prorogations successives de la Convention reculeront sans doute encore ; difficultés dont la cause même aura d'ailleurs peut-être disparu avant que l'Union ne vienne à être dissoute. L'ajournement laisse tous les droits intacts ; il éloigne indéfiniment, et peut-être pour toujours, un obstacle qui eût pu empêcher l'entente de s'établir ; il peut donc être accepté.

M. le Délégué de la Belgique croit que les déclarations et les réserves qu'il vient de faire sont à la fois nécessaires et suffisantes. Eu égard à leur importance, il demande, au nom de ses collègues comme au sien, qu'elles soient textuellement insérées au procès-verbal.

M. Ressman déclare que ni ses collègues ni lui ne sauraient accepter l'exposé de M. Pirmez sans des réserves formelles. Ces réserves résultent d'ailleurs des déclarations que les Délégués italiens ont faites dans le cours des débats, au nom de leur Gouvernement, et ils s'y réfèrent expressément pour ne pas rouvrir la discussion au moment où l'accord paraît établi sur les points essentiels de la nouvelle convention.

M. Ressman demande que cette déclaration de sa part soit également insérée au procès-verbal.

La Conférence décide qu'il sera fait droit aux demandes d'insertion des déclarations de MM. Pirmez et Ressman.

Sur la proposition de M. le Président, la Conférence passe à l'examen de la question du contingent spécial de pièces de 5 francs en argent que l'Italie a demandé l'autorisation de fabriquer pendant l'année 1879, avant l'expiration de la Convention de 1865.

M. le Président rappelle que la demande de l'Italie portait sur une somme de 20 millions et que les Délégués des États coassociés ont paru, en principe, accepter ce chiffre. Il ajoute qu'il a été bien entendu toutefois que cette concession devait être absolument subordonnée à la condition que l'accord se serait préalablement établi, entre les cinq États, sur le renouvellement de la Convention de 1865.

M. RESSMAN espère qu'on tiendra compte à l'Italie de la modération de sa demande, en raison du sacrifice réel que lui impose la suspension de la frappe de l'argent stipulée dans la nouvelle convention. Il considère le chiffre de 20 millions comme un minimum impérieusement réclamé par les néces-sités diverses auxquelles le Gouvernement italien doit satisfaire, et par les circonstances particulières dans lesquelles il se trouve placé, circonstances que les Délégués italiens ont suffisamment expliquées dans les dernières séances.

M. FEER-HERZOG déclare qu'il est obligé d'en référer à son Gouvernement avant de se prononcer sur la question ; mais que, dans tous les cas, il est hors de doute que la concession réclamée par l'Italie devra être absolument liée à la conclusion de la nouvelle convention.

M. le PRÉSIDENT fait connaître que la Banque de France, qu'il a dû con-sulter, s'est montrée disposée à accepter, en principe, la fabrication par l'Ita-lie d'un contingent spécial de 20 millions maximum, à la condition que le projet de convention, dont les bases lui ont été communiquées, soit main-tenu dans ses dispositions essentielles.

Après cet échange d'observations, M. le PRÉSIDENT donne lecture d'un pro-jet de Déclaration préparé par la sous-commission et ainsi conçu :

Les Soussignés, délégués des Gouvernements de Belgique, de France, de Grèce, d'Italie et de Suisse, s'étant réunis en conférence, en exécution de l'article 4 de la Déclaration monétaire du 3 février 1876 dont l'application avait été reportée, d'un commun accord, à l'année 1878, et dûment autorisés à cet effet, ont, sous réserve de l'approbation de leurs Gouvernements respectifs, arrêté les dispositions suivantes :

ART. 1er. — Les Gouvernements de Belgique, de France, de Grèce et de Suisse s'engagent, pour l'année 1879 à ne pas fabriquer et à ne pas laisser fabriquer de pièces d'argent de 5 francs.

ART. 2. — Le Gouvernement italien est exceptionnellement autorisé à faire fabriquer, pendant l'année 1879, une somme de 20 millions en pièces d'argent de 5 francs, cette somme étant destinée à faciliter le remplacement des anciennes monnaies, actuellement encore en circulation, par des pièces de 5 francs frappées dans les conditions de l'article 3 de la Convention du 23 décembre 1865.

Art. 3. — Les cinq Gouvernements contractants s'engagent à ne pas délivrer de bons de monnaie d'argent pendant l'année 1879.

Art. 4. — La présente Déclaration sera mise en vigueur dès que la promulgation en aura été faite d'après les lois particulières de chacun des cinq États.

En foi de quoi, etc. etc.

M. Feer-Herzog demande que, dans l'article 2, il soit substitué aux mots « *faciliter le remplacement* » les mots « *opérer définitivement le remplacement.* » L'Italie a, plusieurs fois déjà, dans les conférences des années précédentes, allégué la nécessité de retirer des monnaies bourboniennes pour obtenir un contingent exceptionnel de fabrication. M. Feer-Herzog désirerait que cette opération fût considérée comme définitivement close et ne pût désormais servir de base à de nouvelles demandes de la part de l'Italie.

M. Banalis fait remarquer que l'expression « *définitivement* » ne saurait être acceptée. Elle serait inexacte dans le cas, fort probable, où la somme à laquelle s'élèvent les anciennes monnaies répandues dans la circulation serait supérieure au chiffre du contingent de fabrication réclamé par l'Italie.

M. le Président convient qu'il n'est pas possible d'employer la formule suggérée par M. Feer-Herzog. Mais alors il préférerait supprimer toute la seconde partie de l'article 2. La rédaction proposée aurait l'inconvénient de faire, en quelque sorte, participer les autres États à l'opération du retrait des monnaies bourboniennes et de leur en faire supporter, dans une certaine mesure, la responsabilité, ce qui pourrait permettre à l'Italie de leur demander plus tard une concession nouvelle. D'autre part, les États de l'Union n'ont aucun intérêt à imposer à l'Italie l'engagement d'employer le contingent accordé au remplacement des anciennes monnaies.

M. Ruau fait observer que, si on laissait l'Italie libre d'user, comme elle l'entendra, de l'autorisation qui lui est concédée de fabriquer des pièces de 5 francs, elle pourrait, en achetant des lingots, sans démonétiser les monnaies bourboniennes, accroître encore le stock d'argent de l'Union.

M. le Président répond que cette crainte ne lui paraît pas fondée. Si l'Italie achetait 20 millions d'argent à l'Allemagne pour les convertir en pièces de 5 francs, au lieu d'employer à cet usage les monnaies bourboniennes, la quantité d'argent qui pèse sur le marché serait diminuée d'autant, et personne ne songerait à s'en plaindre.

A la suite de ces observations, la Conférence décide la suppression de la seconde partie de l'article 2.

M. le Président élève un doute sur l'utilité de l'article 3 du projet de Déclaration, relatif aux bons de monnaie. Il se demande si cet article a une raison d'être, en présence de la stipulation de la suspension du monnayage de l'argent insérée dans la nouvelle convention.

M. Feer-Herzog dit qu'il y aurait intérêt à ce que cette disposition subsistât, dans la prévision du cas où la nouvelle convention ne serait pas sanctionnée par les pouvoirs législatifs de l'un des cinq États.

M. Baralis déclare que les Délégués italiens n'ont aucune raison d'insister ni pour le maintien ni pour la suppression de l'article relatif aux bons de monnaie.

La Conférence décide que cet article sera maintenu.

M. Lardy propose d'insérer dans le texte de la Déclaration la date à laquelle elle devra entrer en vigueur.

M. Pirmez répond que cette date résulte de l'objet même de l'acte. Mais il importe, selon lui, que la Déclaration soit approuvée par les Gouvernements avant l'année 1879 ; autrement ils pourraient se croire le droit de fabriquer de l'argent à partir du 1er janvier prochain.

M. Ressman pense qu'il est préférable, en effet, que la Déclaration soit approuvée avant le commencement de l'année prochaine ; mais quant au monnayage de l'argent, il n'est pas à craindre que les Gouvernements profitent de la faculté qui leur appartiendrait, en droit strict, au 1er janvier 1879, si les ratifications n'étaient pas échangées à cette époque.

La Conférence décide que l'on fera mention dans la Déclaration de la date de son exécution, qui aura lieu à partir du 1er janvier 1879, et le texte de cet acte est définitivement arrêté dans les termes suivants :

DÉCLARATION RELATIVE À LA FABRICATION DE LA MONNAIE D'ARGENT

PENDANT L'ANNÉE 1879.

Les Soussignés, délégués des Gouvernements de Belgique, de France, de Grèce, d'Italie et de Suisse, s'étant réunis en conférence en exécution de l'article 4 de la Déclaration monétaire du 3 février 1876 dont l'application avait été reportée, d'un commun accord, à l'année 1878, et dûment autorisés à cet effet, ont, sous réserve de l'approbation de leurs Gouvernements respectifs, arrêté les dispositions suivantes :

Art. 1er. — Les Gouvernements de Belgique, de France, de Grèce et de Suisse s'engagent, pour l'année 1879, à ne pas fabriquer et à ne pas laisser fabriquer de pièces d'argent de 5 francs.

Art. 2. — Le Gouvernement italien est exceptionnellement autorisé à faire fabriquer, pendant l'année 1879, une somme de 20 millions de francs, en pièces d'argent de 5 francs.

Art. 3. — Les cinq Gouvernements contractants s'engagent à ne pas délivrer de bons de monnaie d'argent pendant l'année 1879.

Art. 4. — La présente Déclaration, exécutoire à partir du 1er janvier 1879, sera ratifiée et les ratifications en seront échangées aussitôt que faire se pourra.

En foi de quoi, etc. etc.

M. le Président appelle l'attention de la Conférence sur la question des contingents qui devront être assignés à chaque État, dans la nouvelle convention, pour la fabrication de la monnaie divisionnaire.

En 1865, dit-il, le chiffre de 6 francs par habitant avait servi de base au calcul des contingents. Faut-il aujourd'hui prendre une base différente, ou simplement mettre le chiffre des contingents d'accord avec celui de la population qui a pu s'accroître, depuis 1865, dans les différents États ?

M. Baralis dit que la population de l'Italie est actuellement de 27,769,475 habitants, soit, en chiffres ronds, 28 millions. Le Gouvernement italien demande donc que son contingent soit fixé à 168 millions, ce qui constitue une augmentation de 12 millions sur le contingent de 1865.

M. Feer-Herzog déclare qu'il a reçu pour instructions du Gouvernement fédéral de demander que le contingent de la Suisse soit élevé au chiffre de 18 millions. Les résultats du recensement font en effet prévoir, pour l'année 1880, une population de 2,910,000 habitants, soit, en chiffres ronds, 3 millions d'habitants.

M. Pirmez, sans insister sur la nécessité d'un accroissement du contingent de la Belgique, fait connaître que, si le chiffre de la population en 1880 est pris comme base, il en résulterait, pour son pays, une augmentation de 1 million environ sur l'ancien contingent.

M. Delyanni demande, au nom du Gouvernement hellénique, une augmentation de 1,500,000 francs, pour mettre le contingent qui lui est alloué en rapport avec la population de la Grèce au 1er janvier 1880.

M. Ruau déclare que, dans ces conditions, la France réclamerait une augmentation de 10 millions, malgré la diminution de population résultant de la séparation des départements de l'Alsace-Lorraine.

La population de l'Algérie, où circule exclusivement la monnaie française, doit, en effet, être comprise dans le chiffre total sur lequel se calcule le contingent de la France. Mais M. Ruau croit que le taux de 6 francs par habitant, qui a servi de base au calcul, est trop élevé; il fait observer que la proportion de monnaie d'appoint n'est pas aussi forte dans d'autres pays étrangers à l'Union.

M. Sainctelette estime que la puissance d'absorption des monnaies d'appoint pour un pays quelconque tient bien plus à l'importance de ses transactions commerciales qu'à celle de la population, considérée au seul point de vue numérique. C'est donc une erreur, selon lui, que de vouloir établir, entre des pays dont l'intensité de vie économique est fort différente, un contingent uniforme de monnaie d'appoint réglé par tête d'habitant.

M. le Président manifeste, de son côté, la crainte qu'on ne s'engage dans une voie regrettable en provoquant l'accroissement du stock de monnaies divisionnaires. Il admet que certains États peuvent avoir un intérêt particulier à augmenter la quantité de leurs monnaies d'appoint; mais il croit que, prise dans son ensemble et considérée au point de vue de l'intérêt général, la mesure serait mauvaise. Il lui semblerait donc préférable que les États de l'Union restreignissent leurs demandes plutôt que de les étendre.

M. Pirmez pense qu'il serait, en effet, plus avantageux de se rapprocher du taux de 5 francs par habitant, pris comme base du calcul des contingents. Nous avons, dit-il, une somme énorme d'écus de 5 francs qui jouent, à vrai dire, le rôle de monnaies d'appoint; et quand on voit l'Angleterre, l'Allemagne, n'avoir par habitant que l'équivalent d'une douzaine de francs de ces monnaies, y compris les pièces de valeur correspondante aux écus de 5 francs, on comprend qu'on se plaigne parmi nous d'un excès de monnaie divisionnaire. Ce n'est donc pas le moment d'étendre les limites qui ont été assignées à la fabrication de cette monnaie. La Belgique renoncerait volontiers, si ce principe était adopté, à toute augmentation de son contingent actuel.

M. Feer-Herzog fait observer que la situation géographique de la Suisse l'expose davantage à subir les conséquences immédiates du retrait des pièces italiennes, et il insiste pour qu'il lui soit laissé une certaine latitude, en prévision du cas où, par le fait de ce retrait, il viendrait à se produire chez elle une insuffisance de monnaie d'appoint.

M. Lardy ajoute que la demande du Gouvernement fédéral repose encore sur un autre motif : il est question de supprimer en Suisse les pièces de 20 centimes en nickel, ce qui obligerait à frapper une plus grande quantité de pièces de 50 centimes en argent.

Ce sont ces considérations, disent MM. les Délégués de la Suisse, qui déterminent le Gouvernement fédéral à demander que son contingent soit porté à la somme de 18 millions.

M. Baralis ne s'expliquerait pas que la demande toute légitime de l'Italie rencontrât des objections. Il lui semblait qu'il avait été convenu, lors de la préparation du projet de convention, que le taux de 6 francs par habitant serait maintenu, et que, si les chiffres des contingents avaient été laissés en blanc, c'était uniquement parce qu'on avait cru devoir attendre les renseignements officiels dont la production était nécessaire pour fixer ces chiffres. Les Délégués italiens s'attendaient si peu à ce que la question fût discutée, en principe, qu'ils n'ont pas demandé d'instructions sur ce point. Si donc la proposition de réduction était maintenue, ils seraient obligés d'en référer à leur Gouvernement.

M. Baralis fait, en outre, remarquer que, si le taux de 6 francs, admis par les États contractants en 1865, n'a pas paru alors excessif, il ne peut guère être considéré comme tel aujourd'hui par les États qui possèdent une grande partie des monnaies italiennes qui vont être retirées de la circulation internationale.

M. le Président dit qu'il y a trois questions sur lesquelles la Conférence est appelée à prendre une décision : Doit-on modifier le taux de 6 francs par habitant? Doit-on adopter un contingent qui varierait d'après les accroissements successifs de la population? Enfin, à quelle époque doit-on évaluer les chiffres de population qui serviraient de base aux contingents?

Il serait disposé, quant à lui, à maintenir le chiffre de 6 francs par habitant, à condition que les contingents fussent calculés d'une manière invariable pour toute la durée de la convention, et, à son avis, le mieux serait de prendre comme base les chiffres de la population actuelle.

M. Ressman appuie cette proposition, et insiste sur ce point, qu'il convient d'éviter de produire une pléthore locale de monnaie d'appoint, ce qui pourrait empêcher l'Italie de rentrer dans l'Union, le jour où elle aurait aboli le cours forcé. Or, selon lui, ce résultat serait à craindre si l'on prenait pour base les chiffres de la population en 1880, ou même en 1886, comme les Délégués suisses ont paru le désirer.

M. Feer-Herzog répond que le chiffre qu'il a indiqué pour motiver sa demande n'est autre que celui de la population suisse en 1880, soit 2,910,000 ou, en chiffres ronds, 3 millions d'habitants.

M. le Président fait observer que la Suisse se place, pour faire le calcul, en l'année 1880; la France et l'Italie, au contraire, en l'année 1878.

Il résume la discussion en constatant que la Conférence maintient le principe d'un contingent fixe calculé, d'après la population, à raison de 6 francs par habitant. Quant à la détermination des contingents respectifs, elle se fera ultérieurement par les soins de la sous-commission.

M. Delyanni demande, au nom du Gouvernement hellénique, si l'on ne devrait pas prévoir dans la Convention le cas où, par suite d'un accroissement de territoire, la population d'un État viendrait à augmenter subitement.

M. Charles Jagerschmidt fait observer qu'on ne saurait viser dans une Convention des éventualités de cette nature. Si le cas se produisait, l'État intéressé pourrait provoquer, par voie diplomatique, une entente entre tous les Gouvernements de l'Union au sujet des modifications qu'il y aurait lieu d'apporter aux contingents.

La Conférence ajourne au samedi 26 courant sa prochaine réunion.

La séance est levée à 4 heures.

Le Président,
Signé : Léon SAY.

Les Secrétaires,
Signé : Ernest Crampon.
Henri Jagerschmidt.

HUITIÈME SÉANCE.

CONFÉRENCE MONÉTAIRE

ENTRE

LA BELGIQUE, LA FRANCE, LA GRÈCE, L'ITALIE ET LA SUISSE

EN 1878.

8ᵉ SÉANCE.

SAMEDI 26 OCTOBRE 1878.

PRÉSIDENCE DE M. LÉON SAY.

Étaient présents, MM. les Délégués

de la Belgique,

de la France,

de la Grèce,

de l'Italie

et de la Suisse,

qui assistaient à la dernière réunion.

La séance est ouverte à 2 heures.

M. LE PRÉSIDENT donne lecture du projet de convention dressé par la sous-commission sur les bases déjà arrêtées par la Conférence.

Le texte de ce projet est ainsi conçu :

Sa Majesté le Roi des Belges, le Président de la République française, Sa Majesté le Roi des Hellènes, Sa Majesté le Roi d'Italie et la Confédération Suisse, désirant maintenir l'Union monétaire établie entre les cinq États et reconnaissant la nécessité d'apporter à la Convention du 23 décembre 1865 les modifications réclamées par les circonstances, ont résolu de conclure à cet effet une nouvelle Convention, et ont nommé pour leurs plénipotentiaires, savoir :

Sa Majesté le Roi des Belges . . . .

. . . .

Lesquels, après s'être communiqué leurs pleins pouvoirs respectifs, trouvés en bonne et due forme, sont convenus des articles suivants :

ARTICLE PREMIER.

La Belgique, la France, la Grèce, l'Italie et la Suisse demeurent constituées à l'état d'Union pour ce qui regarde le poids, le titre, le module et le cours de leurs espèces monnayées d'or et d'argent.

ART. 2.

Les types des monnaies d'or frappées à l'empreinte des Hautes Parties contractantes sont ceux des pièces de 100 francs, de 50 francs, de 20 francs, de 10 francs et de 5 francs, déterminés, quant au poids, au titre, à la tolérance et au diamètre, ainsi qu'il suit :

NATURE DES PIÈCES.	TITRE.		POIDS.		DIAMÈTRE.
	TITRE DROIT.	TOLÉRANCE du titre tant en dehors qu'en dedans.	POIDS DROIT.	TOLÉRANCE du poids tant en dehors qu'en dedans.	
	francs.	millièmes.	millième.	grammes.	millièmes.	millimètres.
	100			32.258 06		35
	50			16.129 03	1	28
Or........	20	800	1	6.451 61		21
	10			3 225 80	2	19
	5			1.612 90	3	17

Les Gouvernements contractants admettront sans distinction dans leurs caisses publiques les pièces d'or fabriquées, sous les conditions qui précèdent, dans l'un ou l'autre des cinq États, sous réserve toutefois d'exclure les pièces dont le poids aurait été réduit par le frai de 1/2 p. 0/0 au-dessous des tolérances indiquées plus haut, ou dont les empreintes auraient disparu.

ART. 3.

Le type des pièces d'argent de 5 francs frappées à l'empreinte des Hautes Parties contractantes est déterminé, quant au poids, au titre, à la tolérance et au diamètre, ainsi qu'il suit :

NATURE DE LA PIÈCE.	TITRE.		POIDS.		DIAMÈTRE.
	TITRE DROIT.	TOLÉRANCE du titre tant en dehors qu'en dedans.	POIDS DROIT.	TOLÉRANCE du poids tant en dehors qu'en dedans.	
Argent.. 5 francs.	900 millièmes.	2 millièmes.	25 grammes.	3 millièmes.	37 millimètres.

Les Gouvernements contractants recevront réciproquement dans leurs caisses pu-

bliques lesdites pièces d'argent de 5 *francs*, sous la réserve d'exclure celles dont le poids aurait été réduit par le frai de 1 p. 0/0 au-dessous de la tolérance indiquée plus haut, ou dont les empreintes auraient disparu.

ART. 4.

Les Hautes Parties contractantes s'engagent à ne fabriquer des pièces d'argent de 2 *francs*, de 1 *franc*, de 50 centimes et de 20 centimes que dans les conditions de poids, de titre, de tolérance et de diamètre déterminées ci-après :

NATURE DES PIÈCES.		TITRE.		POIDS.		DIAMÈTRE.
		TITRE DROIT.	TOLÉRANCE du titre tant en dehors qu'au dedans.	POIDS DROIT.	TOLÉRANCE du poids tant en dehors qu'en dedans.	
	fr. c.	millièmes.	millièmes.	grammes.	millièmes.	millimètres.
Argent...	2 00	835	5	10 00	5	27
	1 00			5 00		23
	0 50			2 50	7	18
	0 20			1 00	10	16

Ces pièces devront être refondues par les Gouvernements qui les auront émises, lorsqu'elles seront réduites par le frai de 5 p. 0/0 au-dessous des tolérances indiquées plus haut, ou lorsque leurs empreintes auront disparu.

ART. 5.

Les pièces d'argent fabriquées dans les conditions de l'article 4 auront cours légal, entre les particuliers de l'État qui les a émises, jusqu'à concurrence de 50 francs pour chaque payement. L'État qui les a mises en circulation les recevra de ses nationaux sans limitation de quantité.

ART. 6.

Les caisses publiques de chacun des cinq États accepteront les monnaies d'argent fabriquées par un ou plusieurs des autres États contractants conformément à l'article 4, jusqu'à concurrence de 100 francs pour chaque payement fait auxdites caisses.

ART. 7.

Chacun des Gouvernements contractants s'engage à reprendre des particuliers ou des caisses publiques des autres États les monnaies d'appoint en argent qu'il a émises et à les échanger contre une égale valeur de monnaie courante en pièces d'or ou d'argent fabriquées dans les conditions des articles 2 et 3, à condition que la somme présentée à l'échange ne sera pas inférieure à 100 francs. Cette obligation sera prolongée pendant une année à partir de l'expiration de la présente convention.

ART. 8.

*Le Gouvernement italien ayant déclaré vouloir supprimer ses coupures division-
naires de papier inférieures à 5 francs, les autres États contractants s'engagent,
pour lui faciliter cette opération, à retirer de leur circulation et à cesser de recevoir dans leurs caisses publiques les monnaies italiennes d'appoint en argent.*

*Ces monnaies seront admises de nouveau dans les caisses publiques des autres
États contractants, dès que le régime du cours forcé du papier-monnaie aura été
supprimé en Italie.*

*Il est entendu que, lorsque les opérations relatives au retrait de la circulation
internationale des monnaies italiennes d'appoint en argent auront été terminées,
l'application des dispositions de l'article 7 sera suspendue à l'égard de l'Italie.*

ART. 9.

*Le monnayage des pièces d'or fabriquées dans les conditions de l'article 2, à
l'exception de celui des pièces de 5 francs d'or, qui demeure provisoirement suspendu, est libre pour chacun des États contractants.*

*Le monnayage des pièces de 5 francs d'argent est provisoirement suspendu. Il
pourra être repris lorsqu'un accord unanime se sera établi, à cet égard, entre
tous les États contractants.*

ART. 10.

*Les Hautes Parties contractantes ne pourront émettre des pièces d'argent de
2 francs, de 1 franc, de 50 centimes et de 20 centimes, frappées dans les conditions indiquées par l'article 4, que pour une valeur correspondante à 6 francs par
habitant.*

*Ce chiffre, en tenant compte des derniers recensements effectués dans chaque
État, est fixé :*

Pour la Belgique, à	*33,000,000ᶠ*
Pour la France et l'Algérie, à	*240,000,000*
Pour la Grèce, à	*10,500,000*
Pour l'Italie, à	*170,000,000*
Pour la Suisse, à	*18,000,000*

*Seront imputées sur les sommes ci-dessus les quantités déjà émises jusqu'à ce
jour par les États contractants.*

ART. 11.

*Le millésime de fabrication sera inscrit, en conformité rigoureuse avec la date
du monnayage, sur les pièces d'or et d'argent frappées dans les cinq États.*

ART. 12.

Les Gouvernements contractants se communiqueront annuellement la quotité de leurs émissions de monnaies d'or et d'argent, ainsi que toutes les dispositions et tous les documents administratifs relatifs aux monnaies. .

Ils se donneront également avis de tous les faits qui intéressent la circulation réciproque de leurs espèces d'or et d'argent, et spécialement de tout ce qui parviendrait à leur connaissance au sujet de la contrefaçon ou de l'altération de leurs monnaies dans les pays faisant ou non partie de l'Union, notamment en ce qui touche aux procédés employés, aux poursuites exercées et aux répressions obtenues; ils se concerteront sur les mesures à prendre en commun pour prévenir les contrefaçons et les altérations, les faire réprimer partout où elles se seraient produites et en empêcher le renouvellement.

Ils prendront, en outre, les mesures nécessaires pour mettre obstacle à la circulation des monnaies contrefaites ou altérées.

ART. 13.

Toute demande d'accession à la présente convention, faite par un État qui en accepterait les obligations et qui adopterait le système monétaire de l'Union, ne peut être accueillie que du consentement unanime des Hautes Parties contractantes.

ART. 14.

L'exécution des engagements réciproques contenus dans la présente convention est subordonnée à l'accomplissement des formalités et règles établies par les lois constitutionnelles de celles des Hautes Parties contractantes qui sont tenues d'en provoquer l'application, ce qu'elles s'obligent à faire dans le plus bref délai possible.

ART. 15.

La présente convention, exécutoire à partir du 1er janvier 1880, restera en vigueur jusqu'au 1er janvier 1886.

Si, un an avant ce terme, elle n'a pas été dénoncée, elle sera prorogée de plein droit, d'année en année, par voie de tacite reconduction, et demeurera obligatoire jusqu'à l'expiration d'une année après la dénonciation qui en serait faite.

ART. 16.

La présente convention sera ratifiée et les ratifications en seront échangées à Paris dans le délai de huit mois, ou plus tôt si faire se peut.

M. LE PRÉSIDENT invite MM. les Délégués à faire connaître les observations qu'ils peuvent avoir à présenter sur la rédaction de ce projet de convention.

M. le comte RUSCONI exprime le désir que les termes du second paragraphe de l'article 9 subissent une légère modification.

Au lieu de cette rédaction : « *Il* (le monnayage de l'argent) *pourra être repris lorsqu'un accord unanime se sera établi, à cet égard, entre tous les*

États contractants »; il propose de dire : « *Il sera repris aussitôt qu'un accord unanime . . . etc.* »

M. Feer-Herzog fait observer que la rédaction du second paragraphe de l'article 9 a déjà été longuement discutée dans la sous-commission. C'est sur les instances du Délégué italien qu'elle a été adoptée dans sa teneur actuelle. On a consenti à remplacer la formule moins affirmative qui se trouvait dans un premier avant-projet par celle qui figure actuellement dans l'article 9. M. Feer-Herzog considère donc la rédaction à laquelle on s'est arrêté comme constituant la limite extrême des concessions qu'il est possible de faire à l'opinion représentée par MM. les Délégués de l'Italie, et il ne saurait consentir, pour sa part, à ce qu'il y soit apporté aucune nouvelle modification.

Après un échange d'observations entre MM. Rusconi, Feer-Herzog, Pirmez et Jagerschmidt, M. le Délégué de l'Italie retire sa proposition et accepte la rédaction de la sous-commission.

Aucun autre des articles du projet de convention ne soulevant d'objections, M. le Président annonce que ce projet sera distribué à MM. les membres de la Conférence pour qu'ils puissent l'étudier à loisir et présenter, s'il y a lieu, de nouvelles observations, à la prochaine séance.

M. le Président déclare être en mesure de faire connaître à la Conférence que la Banque de France consent à prendre l'engagement qui lui a été demandé de recevoir dans ses caisses, pendant toute la durée de la convention, les pièces de 5 francs d'argent fabriquées dans les États de l'Union. Cet engagement sera prochainement constaté par une lettre du Gouverneur de la Banque.

M. Ressman remercie M. le Président de cette déclaration, qu'il considère comme essentielle au maintien de l'Union. Si le Gouvernement italien n'avait pas été assuré de l'adhésion de la Banque de France pour toute la durée de la convention, il ne lui aurait pas été possible d'entrer en arrangement. M. le Délégué italien espère qu'une déclaration analogue, émanée de la Banque nationale de Belgique, sera également produite par les Délégués de cet État.

M. Pirmez répond que, la Banque nationale de Belgique ne pouvant intervenir directement dans la négociation, il s'est adressé au Gouvernement, qui a dû s'entendre avec elle à ce sujet. La réponse à sa demande ne lui est pas encore parvenue.

M. le Délégué de la Belgique ajoute qu'il y a, d'ailleurs, dans la situation qu'on veut établir, une sorte d'irrégularité qu'il doit signaler. Un établissement privé, tel que la Banque de France ou la Banque de Belgique, ne pouvant être partie dans l'Union, ce sont, en réalité, les Gouvernements français et belge qui sont invités à prendre un engagement, et à le prendre sans que les autres États aient à contracter une obligation semblable.

M. Pirmez ne présume pas que la Banque nationale de Belgique refuse au Gouvernement belge l'adhésion qui lui sera demandée; mais on peut prévoir qu'elle subordonnera son consentement à la condition qu'un engagement identique soit pris par la Banque de France, et qu'elle y ajoutera peut-être aussi certaines réserves à l'égard de la Suisse et de l'Italie.

Dans ces deux pays, en effet, il ne saurait être question d'engagements analogues à ceux qu'on réclame des Banques de France et de Belgique, puisque le cours légal y existe pour les monnaies de tous les États de l'Union indistinctement; mais ce cours légal n'est pas internationalement garanti, et l'on désirerait être assuré de son maintien pendant toute la durée de la convention.

M. Ressman ne laissera pas sans réponse l'observation de M. Pirmez, qui semble croire que l'engagement réclamé de la France et de la Belgique est en quelque sorte unilatéral et sans compensation de la part de l'Italie.

En conséquence, il croit devoir rappeler que, lorsqu'il a été question pour la première fois de la limitation de la frappe de l'argent, l'engagement qu'on a demandé aux Banques d'accepter dans leurs caisses les pièces de 5 francs de l'Union a été considéré comme une conséquence naturelle de cette limitation.

M. Feer-Herzog fait observer, de son côté, que, dès 1865, le Gouvernement suisse avait réclamé le cours légal pour les monnaies de l'Union. On a répondu que l'application de ce principe présentait de graves difficultés dans l'état actuel de la législation française, mais que l'acceptation des monnaies par les caisses publiques et par la Banque de France offrirait les mêmes garanties et les mêmes avantages que le cours légal. M. le Délégué de la Suisse invoque les engagements qui ont été pris à cette époque, et déclare que leur réalisation est aussi indispensable à la Suisse et à la France qu'à l'Italie.

M. Feer-Herzog fait ensuite observer que, si un établissement tel que la Banque de France ou de Belgique pouvait un jour refuser de prendre dans ses caisses les monnaies des autres États coassociés, il se produirait immédiatement une sorte de barrage dont les effets se feraient sentir dans toute l'étendue de l'Union. Il s'explique donc difficilement l'hésitation manifestée par M. Pirmez.

On a dit que la Suisse n'était pas soumise aux mêmes engagements et que sa législation n'assurait pas les mêmes garanties. Mais le cours légal existe en Suisse depuis 1850, et il n'est pas possible aux Délégués suisses, pas plus qu'il ne serait possible au Gouvernement fédéral lui-même, de prendre aucun engagement de nature à restreindre, à cet égard, la pleine et entière liberté du Pouvoir législatif.

M. Feer-Herzog considère, en définitive, comme une nécessité absolue que la Banque nationale de Belgique prenne un engagement identique à celui de la Banque de France.

M. le Président ajoute que l'adhésion de la Banque nationale de Belgique a toujours été considérée par la Banque de France comme une condition *sine quâ non* de sa propre acceptation.

M. Pirmez déclare qu'il comprend parfaitement et qu'il approuve les exigences de la Banque de France. La véritable solution serait, selon lui, un traité entre les deux Banques.

Mais cette observation faite, il répète qu'il ne doute pas de l'adhésion de la Banque nationale de Belgique, sous cette condition déjà indiquée, que la Banque serait relevée de son engagement le jour où le cours légal viendrait à être supprimé en Suisse et en Italie.

M. Feer-Herzog répond qu'une formule de ce genre, qui viserait directement la Suisse et semblerait mettre en doute la stabilité de ses lois, pourrait éveiller de légitimes susceptibilités et compromettre le succès de la négociation.

M. le Président fait observer qu'il y a là une question de rédaction facile à résoudre. Il ne doute pas qu'on ne trouve une formule que MM. les Délégués suisses puissent accepter sans difficulté.

M. le Président annonce à la Conférence que le projet d'arrangement destiné à régler l'exécution de l'article 8 de la convention principale est actuellement arrêté dans ses dispositions essentielles, et qu'un projet de rédaction en sera remis, demain même, à titre officieux, à MM. les Délégués, qui pourront le communiquer sans retard à leurs Gouvernements respectifs.

La Conférence fixe au 30 octobre sa prochaine réunion.

La séance est levée à quatre heures.

Le Président,
Signé : Léon SAY.

Les Secrétaires,
Signé : Ernest Crampon.
Henri Jagerschmidt.

NEUVIÈME SÉANCE.

CONFÉRENCE MONÉTAIRE

ENTRE

LA BELGIQUE, LA FRANCE, LA GRÈCE, L'ITALIE ET LA SUISSE

EN 1878.

9ᵉ SÉANCE.

MERCREDI 30 OCTOBRE 1878.

PRÉSIDENCE DE M. LÉON SAY.

Étaient présents MM. les Délégués

de la Belgique,

de la France,

de la Grèce,

de l'Italie,

et de la Suisse

qui assistaient à la réunion précédente.

La séance est ouverte à deux heures et demie.

M. le Président rappelle qu'une rédaction du projet de convention a été, dans la dernière réunion, soumise à la Conférence. Il demande si l'examen de ce document a suggéré à MM. les Délégués quelque nouvelle observation.

Sur la proposition de M. Ruau, et pour se conformer à l'ordre suivi et aux expressions employées dans la loi de germinal an xi, il est décidé que, aux articles 1, 2 et 3, la mention du titre précédera celle du poids, et que, à l'article 1ᵉʳ, le mot *module* sera remplacé par le mot *diamètre*.

M. Pirmez donne communication d'une lettre adressée par le Gouverneur

de la Banque nationale de Belgique au Ministre des finances, et destinée
à affirmer les engagements pris par cet Établissement relativement à l'acceptation, dans ses caisses, des monnaies de payement de l'Union pendant toute
la durée de la nouvelle convention.

La Conférence décide que cette lettre sera annexée au procès-verbal, à
titre de document officiel. (Annexe A.)

M. LE PRÉSIDENT annonce qu'il la communiquera à la Banque de France,
qui prendra, dans la même forme, des engagements analogues.

Il propose ensuite de passer à l'examen du projet d'arrangement relatif
à l'exécution de l'article 8 de la convention, projet dont les bases ont
été communiquées, à titre officieux, à MM. les Délégués.

M. FEER-HERZOG dit que ce projet a été porté à la connaissance du Conseil fédéral, dont la réponse ne lui est pas encore parvenue. Les Délégués de
la Suisse ne sont donc point en mesure d'adopter aucune résolution; mais,
sous cette réserve, ils sont prêts à prendre part à la discussion.

M. RESSMAN déclare que la situation est à peu près la même pour les Délégués italiens, leurs instructions définitives n'étant pas arrivées. Bien que, en
principe, l'adhésion de leur Gouvernement ne paraisse pas douteuse, ils ne
peuvent cependant émettre un avis qu'en réservant expressément son approbation.

Il est donné lecture du projet d'arrangement qui suit :

*Les Gouvernements de Belgique, de France, de Grèce, d'Italie et de Suisse
ayant résolu, d'un commun accord, d'exécuter, à partir du 1ᵉʳ juillet 1879, les dispositions contenues dans le paragraphe 1ᵉʳ de l'article 8 de la convention monétaire
conclue à la date de ce jour entre les cinq États, lesquelles dispositions sont ainsi
conçues :*

*« Le Gouvernement italien ayant déclaré vouloir supprimer ses coupures divi-
sionnaires de papier inférieures à 5 francs, les autres États contractants s'engagent, pour lui faciliter cette opération, à retirer de leur circulation et à cesser de
recevoir dans leurs caisses publiques les monnaies italiennes d'appoint en argent; »*

Les Soussignés, dûment autorisés, sont convenus des articles suivants :

ART. 1ᵉʳ.

*Le retrait des monnaies italiennes de 20 centimes, 50 centimes, 1 franc et
2 francs qui existent en Belgique, en France, en Grèce et en Suisse, s'opérera du
1ᵉʳ juillet au 31 décembre 1879.*

A partir de cette dernière date, ces monnaies cesseront d'être reçues dans les caisses publiques des États susmentionnés.

ART. 2.

La valeur des pièces divisionnaires italiennes existant dans les quatre pays est évaluée à 100 millions de francs, dont 13 millions en Belgique, en Grèce et en Suisse, et 87 millions en France.

ART. 3.

Les pièces retirées de la circulation en Belgique, en Grèce et en Suisse seront, dans le mois qui suivra la clôture du retrait, remises au Gouvernement français, qui, se chargeant de les centraliser pour les transmettre au Gouvernement italien, en opérera le remboursement au comptant aux Gouvernements des trois États précités.

ART. 4.

Le compte des pièces retirées de la circulation en Belgique, en France, en Grèce et en Suisse sera arrêté à l'expiration du mois qui suivra le clôture du retrait.

Il comprendra d'abord, jusqu'à concurrence de 13 millions au maximum, les pièces provenant de la Belgique, de la Grèce et de la Suisse, et, jusqu'à concurrence de 87 millions au maximum, les pièces retirées de la circulation en France, soit une somme totale de 100 millions.

Il comprendra ensuite, et séparément, l'excédant de ces sommes, s'il y a lieu.

Ladite somme de 100 millions et l'excédant éventuel prévu au paragraphe précédent seront portés au débit du Gouvernement italien, dans un compte courant dont les intérêts seront réglés au taux de 3 0/0 l'an, en numéraire, à partir du jour où les pièces retirées auront cessé d'avoir cours dans les quatre pays.

ART. 5.

Le Gouvernement français transmettra au Gouvernement italien, dans les localités que celui-ci désignera sur la frontière française ou à Civita-Vecchia, les pièces qui auront été centralisées conformément aux articles précédents. Les monnaies provenant de la Belgique, de la Grèce et de la Suisse seront comprises dans ces envois jusqu'à concurrence de 13 millions, et celles provenant de la France jusqu'à concurrence de 87 millions.

ART. 6.

Le remboursement, par le Gouvernement italien, des pièces qui lui auront été remises jusqu'à concurrence des 100 millions formant la première partie du compte prévu à l'article 4, aura lieu à Paris. Il s'effectuera soit en or, soit en pièces de 5 fr. d'argent, soit en traites sur Paris, soit en bons du Trésor italien payables à Paris, et se fera dans les conditions suivantes :

22.

1° Au comptant :

Pièces provenant de la Belgique, de la Grèce
et de la Suisse. . . . . 13,000,000ᶠ ⎫
Pièces provenant de la France. . . . . 17,000,000 ⎬ 30,000,000ᶠ

2° *Dans le courant de janvier 1881* 23,300,000

Dans le courant de janvier 1882 . . . . , ... 23,300,000

Dans le courant de janvier 1883 . . . . , ... 23,400,000

TOTAL 100,000,000

ART. 7.

S'il s'est produit des excédants de retrait en sus des 13 millions et des 87 millions dont il est question aux articles 2, 4 et 5, les pièces composant ces excédants seront tenues à la disposition du Gouvernement italien, qui en remettra la contre-valeur au comptant, lorsqu'il en prendra livraison.

Il est toutefois entendu que la livraison et le remboursement s'effectueront au plus tard en même temps que la dernière annuité spécifiée à l'article 6.

ART. 8.

Le Gouvernement italien retirera et détruira, dans les deux mois qui suivront la remise des 100 millions de pièces divisionnaires, la totalité des coupures de papier inférieures à 5 francs qui existent dans la circulation italienne, et n'en émettra point de nouvelles.

En exécution de l'article 12 de la convention monétaire conclue en date de ce jour, le Gouvernement italien communiquera aux autres Gouvernements de l'Union un état des retraits et des destructions qu'il aura effectués, et ce dans le délai de quatre mois après l'accomplissement de ces opérations.

ART. 9.

Le Gouvernement italien remboursera au Gouvernement français, en même temps que la première annuité spécifiée à l'article 6, les frais de toute nature auxquels donneront lieu les opérations prévues par la présente convention, ces frais ne pouvant, dans aucun cas, dépasser la somme de 250,000 francs.

ART. 10.

Le présent Arrangement sera ratifié. . . . etc.

Sur le préambule, M. PIRMEZ fait observer qu'il n'y a aucun intérêt et qu'il y aurait de sérieux inconvénients à prétendre fixer, pour chaque pays, une date identique, comme celle du 1ᵉʳ juillet 1879, pour le commencement de l'opération du retrait des monnaies divisionnaires. L'essentiel est que l'opération soit terminée avant l'entrée en vigueur de la nouvelle convention.

M. LE PRÉSIDENT adhère à l'observation de M. Pirmez et dit qu'il pourrait en être tenu compte dans le préambule et dans la rédaction de l'article 1ᵉʳ.

La Conférence décide que la date du 1er juillet, indiquée comme point de départ de l'opération, sera supprimée, et que la date de l'achèvement, celle du 31 décembre 1879, sera seule maintenue dans le texte définitif.

Sur l'article 2, M. Pirmez dit que l'évaluation des pièces divisionnaires qui en est l'objet ne lui semble pas à sa place entre l'article 1er et l'article 3. L'arrangement devrait, selon lui, après la fixation de l'époque du retrait inscrite dans l'article 1er, se diviser en deux parties bien distinctes.

Dans la première, on définirait l'opération qui aura lieu entre la Belgique, la Grèce et la Suisse d'une part, et la France de l'autre, opération qui consiste dans la centralisation entre les mains du Gouvernement français et le remboursement, par lui, des monnaies divisionnaires italiennes retirées de la circulation dans les trois premiers États.

Dans la seconde partie, on indiquerait toutes les phases de l'opération qui s'effectuera entre la France et l'Italie et les chiffres qui serviront de base à l'arrangement. Or, l'évaluation contenue dans l'article 2 n'offre aucun intérêt pour la Belgique, la Grèce et la Suisse, qui n'ont d'autre rôle à remplir que celui de ramasser la totalité des monnaies italiennes en circulation sur leur territoire et de les remettre au Gouvernement français. Cette évaluation n'a trait qu'à l'établissement du compte qui devra être arrêté entre la France et l'Italie. Placée dans la première partie, elle aurait l'inconvénient de jeter une certaine confusion dans l'esprit de ceux qui liront la convention et, peut-être, de faire naître des hésitations ou des objections de la part des pouvoirs qui seront appelés à la sanctionner.

M. Feer-Herzog déclare partager entièrement, à cet égard, l'avis de M. Pirmez.

Il est décidé, en conséquence, que l'article 2 sera supprimé et que les dispositions qu'il contient seront fondues dans l'article 4.

Pour mieux faire comprendre la distinction entre les deux opérations qui viennent d'être si clairement expliquées par M. Pirmez, M. le Président propose de dire expressément, dans le premier paragraphe de l'article 4, que le compte dont il est question est arrêté entre la France et l'Italie.

M. Feer-Herzog approuve cette modification et demande s'il est utile de faire figurer dans l'article 4 l'estimation d'après laquelle la somme totale de 100 millions se subdivise en deux lots, l'un de 87 millions pour la France, l'autre de 13 millions pour les trois autres États. Le compte entre ces trois États et la France est arrêté et clos par l'article 3. Il ne voit pas pourquoi il en serait de nouveau question dans l'article 4.

M. LE PRÉSIDENT répond qu'il considère comme très-utile de mettre en lumière, par un des articles de l'arrangement, les chiffres qui démontrent l'inégale proportion du lot de la France et de celui des autres États. Cette mention fera comprendre, à première vue, les raisons pour lesquelles l'opération s'effectue à terme pour la France et au comptant pour les autres États; et, dès lors, il ne sera pas nécessaire, pour justifier le système adopté, de faire l'historique des différentes phases de la négociation.

M. RESSMAN demande qu'une clause accessoire insérée dans l'arrangement indique que le Gouvernement italien aura la faculté de se libérer par anticipation.

Il est décidé qu'un paragraphe sera ajouté, dans ce sens, à l'article 6.

M. LE PRÉSIDENT ne croit pas inutile de rappeler à la Conférence dans quel esprit l'article 8 a été conçu. Il est, en quelque sorte, dit-il, la reproduction de l'article 8 de la convention principale.

Le retrait des petites coupures par le Gouvernement italien est l'élément essentiel de la nouvelle convention. Pour l'Italie, qui a elle-même demandé qu'on lui fournisse les moyens de réaliser cette opération en lui renvoyant ses monnaies divisionnaires d'argent, c'est un premier pas vers la suppression du cours forcé.

Pour les autres États, c'est une raison déterminante de conclure la convention actuelle. L'Union ne pouvait être renouvelée que si la situation créée par la Convention de 1865 était améliorée de deux manières : par la suspension de la fabrication de l'argent et par le retrait d'une partie du papier-monnaie italien, mesure destinée à débarrasser les États alliés de la petite monnaie qui les incommode.

Cette seconde partie de la convention principale devait être reproduite et développée dans l'arrangement annexe; mais, pour bien saisir le sens et la portée des clauses de cet arrangement, il n'y a, dit M. le Président, qu'à se reporter aux principes qui servent de base à la convention. Le but que les États coassociés et l'Italie elle-même se sont proposé ne peut être atteint que si le retrait des petites coupures est définitif, et il ne sera définitif que si l'on n'en émet point de nouvelles. Bien que ce ne soit là que l'exécution rigoureuse de l'esprit et de la lettre de la convention, on a cru qu'il était bon de le dire expressément.

Enfin, de même que, par l'article 11 de la Convention de 1865 et dans les Déclarations postérieures, on avait cru utile d'inviter les États de l'Union à se communiquer réciproquement tous les documents administratifs concernant les monnaies, on a, pour compléter ces dispositions, demandé à l'Italie de communiquer à ses alliés les documents statistiques relatifs au retrait et à la destruction des coupures divisionnaires.

M. le comte Rusconi, tout en entrant complètement dans l'ordre d'idées où M. le Président s'est placé, désirerait voir le rôle de l'Italie, dans cette opération, mieux défini par la rédaction de l'article 8 de l'arrangement annexe. Il voudrait qu'on rappelât d'une manière plus précise les termes de l'article 8 de la convention principale, en indiquant que c'est sur la proposition de l'Italie elle-même que le retrait des petites coupures est devenu l'une des bases conditionnelles du renouvellement de l'Union ; il voudrait, enfin, que l'on indiquât, en quelques mots, que le but final du Gouvernement italien est la suppression du cours forcé.

M. le Président pense qu'il sera facile de donner satisfaction au désir exprimé par M. le comte Rusconi par une légère modification apportée au texte de l'article 8.

M. Pirmez demande si, à partir de la date du 1er janvier 1880, époque à laquelle les intérêts courront contre l'Italie, et dans le cas où il y aurait des retards dans la demande d'expédition des monnaies, il n'y aurait pas lieu d'attribuer le prorata de ces intérêts à la Belgique, à la Grèce et à la Suisse, jusqu'au moment où le remboursement aurait été effectué.

M. le Président répond qu'il ne saurait en être autrement. Le Gouvernement français, en prenant l'opération à son compte, ne peut avoir l'intention de réaliser aucun bénéfice sur les Gouvernements étrangers. Il se trouvera, d'ailleurs, certainement en mesure d'effectuer le remboursement, dès le 1er janvier 1880.

A la suite de cette discussion, la Conférence décide que la sous-commission précédemment instituée modifiera le texte de l'arrangement en tenant compte des observations qui viennent d'être échangées et des résolutions qui ont été prises.

M. le Président résume en peu de mots les dispositions de l'arrangement et en fait ressortir le caractère dominant. La Belgique, la Grèce et la Suisse vendent au comptant, à l'Italie, leur lot de monnaies divisionnaires italiennes. La France vend son lot à terme, à condition que son découvert ne dépasse pas une certaine somme. Telle est, dit-il, toute l'économie de l'opération.

La Conférence décide qu'elle se réunira lundi, 4 novembre prochain, pour l'adoption du texte des divers actes conventionnels qu'elle a élaborés.

La séance est levée à quatre heures.

Le Président,
Signé : Léon SAY.

Les Secrétaires,

Signé : Ernest Crampon.
Henri Jagerschmidt.

LETTRE

DU GOUVERNEUR DE LA BANQUE NATIONALE DE BELGIQUE
AU MINISTRE DES FINANCES.

Bruxelles, le 29 octobre 1878.

Monsieur le Ministre,

Nous avons l'honneur de vous faire connaître que, conformément à la demande que vous lui adressez par votre dépêche (cabinet) du 28 de ce mois, la Banque nationale consent à maintenir l'engagement, qu'elle a pris antérieurement, de recevoir les monnaies de payement (pièces d'or et pièces de 5 francs d'argent) que, aux termes de la Convention de 1865, l'État doit accepter dans ses caisses.

Cet engagement s'appliquera à l'année 1879 et se prolongera ensuite pendant toute la durée de la nouvelle convention dont vous annoncez la conclusion prochaine. Son maintien suppose, toutefois, que les bases essentielles de la situation actuelle sont conservées; nous considérons qu'il n'en serait pas ainsi, si la fabrication des pièces de 5 francs d'argent venait, en dehors des contingents qui pourraient être fixés pour l'année prochaine, à être reprise; il n'en serait pas ainsi non plus, si l'un des États de l'Union supprimait le cours légal des monnaies dont il s'agit, sans y substituer des engagements analogues à ceux de la Banque de France ou de la Banque nationale, pour assurer le cours effectif des monnaies de payement de l'Union.

Il est, du reste, bien entendu que l'engagement que prend la Banque nationale est, comme précédemment, subordonné à un engagement semblable de la Banque de France.

Veuillez agréer, Monsieur le Ministre, l'assurance de ma haute considération.

Le Directeur faisant fonctions de Secrétaire,
Signé : Weber.

Le Gouverneur,
Signé : A. Pirson.

Pour copie conforme :

Le Secrétaire général du Ministère des Finances,
Signé : Van der Rest.

DIXIÈME SÉANCE.

CONFÉRENCE MONÉTAIRE

ENTRE

LA BELGIQUE, LA FRANCE, LA GRÈCE, L'ITALIE ET LA SUISSE

EN 1878.

10ᵉ SÉANCE.

LUNDI 4 NOVEMBRE 1878.

PRÉSIDENCE DE M. LÉON SAY.

Étaient présents MM. les Délégués

de la Belgique,

de la France,

de la Grèce,

de l'Italie

et de la Suisse,

qui assistaient à la dernière réunion.

La séance est ouverte à midi et demi.

M. LE PRÉSIDENT donne lecture d'une lettre du Gouverneur de la Banque de France, adressée au Ministre des finances, et contenant l'engagement de cet établissement quant à l'acceptation des monnaies de payement de l'Union pendant toute la durée de la nouvelle convention.

La Conférence décide que cette lettre, qui contient un engagement identique à celui de la Banque nationale de Belgique, sera également annexée au procès-verbal. (Annexe A.)

M. LE PRÉSIDENT demande à MM. les Délégués si les instructions définitives qu'ils ont dû recevoir de leurs Gouvernements les autorisent à signer la convention et l'arrangement complémentaire dont le texte, modifié dans le sens des décisions prises par la Conférence dans sa dernière réunion, leur a été communiqué.

M. Lardy déclare que cette autorisation a été donnée à MM. les Délégués suisses. Il demande seulement, pour se conformer aux instructions du Conseil fédéral, que, par un moyen quelconque, il soit établi entre les trois actes qui sont sortis des délibérations de la Conférence, savoir, la convention, l'arrangement et la déclaration, une connexité complète quant à la sanction qui devra leur être donnée par les Pouvoirs législatifs de chaque État. Cette connexité lui paraît surtout importante en ce qui touche la déclaration relative à la fabrication des pièces d'argent de 5 francs pendant l'année 1879. M. Lardy pense, d'ailleurs, qu'il suffirait de la constater par une mention au procès-verbal.

M. le Président ne voit pas quel intérêt la Suisse trouve à cette connexité. Si la nouvelle convention n'était point ratifiée, les États recouvreraient la liberté de la frappe illimitée de l'argent, et la déclaration relative à l'année 1879 serait, dans ce cas, si elle subsistait, une garantie précieuse pour la Suisse comme pour les autres Puissances.

M. Jagerschmidt ajoute que la connexité serait, en fait, difficile à établir, les délais fixés pour la ratification des divers actes ne pouvant être les mêmes. La déclaration doit, en effet, être approuvée avant le 1er janvier 1879, et la convention, ainsi que l'arrangement annexe, ne pourront probablement, en raison de leur importance, être ratifiés avant les premiers mois de l'année prochaine.

M. Pirmez estime que la connexité doit exister en ce sens seulement que, si la déclaration n'était pas ratifiée, cette situation amènerait nécessairement le rejet de la convention principale.

M. Feer-Herzog et M. le Président appuient l'observation de M. Pirmez, à laquelle ils déclarent se rallier complètement.

MM. les Délégués suisses espèrent que l'insertion au procès-verbal des observations qui viennent d'être échangées suffira pour donner satisfaction à leur Gouvernement.

M. Ressman soumet à la Conférence, pour se conformer au désir manifesté par M. le Ministre des finances d'Italie, quelques observations de pure forme, qui ne sauraient, dit-il, porter atteinte au fond des stipulations contenues dans la convention.

En premier lieu, l'article 6 de l'arrangement, relatif au remboursement par l'Italie de l'excédant éventuel des 100 millions, ne reproduit pas la mention du mode de payement qui figure à l'article 5 pour le remboursement des 100 millions. M. Ressman demande s'il n'y aurait pas lieu de réparer cette omission.

M. BARALIS insiste sur cette observation, en proposant de viser, dans l'article 6, les dispositions de l'article 5 en vertu desquelles le remboursement doit s'effectuer en or, ou en pièces de 5 francs d'argent, ou en traites sur Paris, ou en bons du Trésor italien.

M. JAGERSCHMIDT répond que cette omission avait déjà été relevée par M. le Président, et qu'un Protocole devant être dressé entre les Plénipotentiaires de France et d'Italie pour préciser le sens d'une des dispositions de l'article 5, il a été ajouté à ce Protocole un paragraphe qui donne pleine satisfaction au désir exprimé par M. Ressman.

Il donne lecture de ce Protocole, qui est ainsi conçu :

Au moment de procéder à la signature de l'arrangement relatif à l'exécution de l'article 8 de la convention monétaire conclue à la date de ce jour entre la Belgique, la France, la Grèce, l'Italie et la Suisse, les Plénipotentiaires soussignés du Président de la République Française et de S. M. le Roi d'Italie, voulant fixer, d'un commun accord, le sens précis des mots « au comptant » insérés aux articles 5 et 6 dudit arrangement, ont, au nom de leurs Gouvernements respectifs, décidé et arrêté ce qui suit :

1° En ce qui concerne l'article 5 :

Le remboursement, par le Gouvernement italien, des 13 millions représentant le montant des pièces divisionnaires provenant de la Belgique, de la Grèce et de la Suisse, s'effectuera dans les quinze premiers jours du mois de janvier 1880.

Le remboursement des 17 millions représentant le montant des pièces provenant de la France s'effectuera dans le courant de l'année 1880.

2° En ce qui concerne l'article 6 :

Le remboursement au comptant de la somme représentant la contre-valeur des pièces composant l'excédant éventuel des 100 millions s'effectuera, comme il est stipulé à l'article 5, à Paris, soit en or, soit en pièces de 5 francs d'argent, soit en traites sur Paris, soit en bons du Trésor italien payables à Paris.

Le présent Protocole, qui sera considéré comme approuvé et sanctionné par les Gouvernements respectifs, sans autre ratification spéciale, par le seul fait de l'échange des ratifications sur l'arrangement monétaire auquel il se rapporte, a été dressé en double expédition à Paris, le . . . . . . etc.

M. Ressman, s'étant rallié à ce mode de procéder, passe à une autre observation sur le texte de l'article 7.

Cet article stipule que le retrait des coupures divisionnaires doit avoir lieu « *au plus tard dans les six mois qui suivront la remise des pièces divisionnaires* ». M. Ressman désirerait qu'il fût bien établi qu'il s'agit de la remise de *la totalité* des pièces divisionnaires retirées.

M. LE PRÉSIDENT répond que l'intention des rédacteurs de cet article a été de spécifier que la suppression des coupures divisionnaires devrait s'opérer après la remise de la masse des monnaies divisionnaires comprises dans la première partie du compte prévu à l'article 3, que la somme soit inférieure ou non à 100 millions, et sans attendre la remise de l'excédant éventuel. Il serait facile de tenir compte de l'observation du Gouvernement italien, en visant, dans l'article 7, le second paragraphe de l'article 3.

M. MUSNIER DE PLEIGNES fait remarquer qu'il serait plus simple et plus précis de se référer à un article dont le texte est uniquement relatif à la remise des 100 millions de pièces divisionnaires, c'est-à-dire à l'article 5.

M. LE PRÉSIDENT propose, en conséquence, de rédiger l'article 7 de la façon suivante : « . . . *au plus tard dans les six mois qui suivront la remise de la totalité des pièces divisionnaires visées à l'article 5.* »

M. Ressman, ayant adhéré à cette modification, la Conférence décide qu'elle sera introduite dans le texte de l'article 7.

Au sujet de ce même article 7, M. RESSMAN fait observer que les mots qui terminent le second paragraphe : « *dans le délai de quatre mois après l'ac-* « *complissement de ces opérations* », manquent de clarté, et il désirerait qu'il fût bien précisé de quelle espèce d'opérations il s'agit.

M. JAGERSCHMIDT répond qu'il s'agit évidemment des opérations relatives au rachat et à la destruction des coupures divisionnaires, et il fait remarquer que la rédaction de l'article ne permet aucun doute à cet égard.

M. Ressman déclare qu'il lui suffit que l'interprétation qui vient d'être donnée soit consignée au procès-verbal.

M. Ressman exprime, en outre, le désir que l'article 7 de l'arrangement soit complété par la reproduction de la disposition inscrite à l'article 8 de la convention principale et relative à la réadmission des monnaies divisionnaires italiennes dans les caisses publiques des autres États, lorsque le régime du cours forcé aura été supprimé en Italie. Il s'agit là, dit-il, d'une stipulation d'autant plus essentielle pour l'Italie que le Gouvernement italien a la confiance que ce résultat pourra être atteint pendant la durée même de la convention.

M. LE PRÉSIDENT répond que, le second paragraphe de l'article 8 de la convention principale contenant à cet égard une disposition explicite et formelle, le Gouvernement italien y trouvera une satisfaction beaucoup plus complète que si la mention dont il s'agit figurait seulement dans un arrangement qui n'est que l'application de l'article 8 de la convention.

M. RESSMAN termine les observations qu'il a été chargé de soumettre à la Conférence, en demandant s'il n'y aurait pas lieu d'ajouter à l'article 8, après les mots : « *les frais de transport à la frontière* », les mots : « *que le Gouvernement italien désignera* ».

M. LE PRÉSIDENT fait remarquer que les termes formels de l'article 4 ne permettent aucun doute à cet égard.

M. RESSMAN n'insiste pas sur son observation.

La discussion est déclarée close.

M. LE PRÉSIDENT annonce que, les instruments devant être préparés pour demain, il pourra être procédé sans retard à la signature de la convention et des trois autres actes.

La Conférence décide, en conséquence, de se réunir demain mardi, 5 novembre, à une heure de l'après-midi.

La séance est levée à deux heures.

Le Président,
Signé : LÉON SAY.

Les Secrétaires,
Signé : ERNEST CRAMPON.
HENRI JAGERSCHMIDT.

LETTRE

DU GOUVERNEUR DE LA BANQUE DE FRANCE

AU MINISTRE DES FINANCES.

Paris, le 2 novembre 1878.

Monsieur le Ministre,

J'ai l'honneur de faire connaître à Votre Excellence que, conformément à la demande que vous avez bien voulu m'adresser, le conseil général de la Banque de France consent à maintenir l'engagement, qu'il a pris antérieurement, de recevoir les monnaies de payement (pièces d'or et pièces de 5 francs d'argent) que, aux termes de la Convention de 1865, l'État doit accepter dans ses caisses.

Cet engagement s'appliquera à l'année 1879 et se prolongera pendant toute la durée de la nouvelle convention dont vous espérez la prochaine conclusion. Son maintien suppose, toutefois, que les bases essentielles de la situation actuelle sont conservées. Nous considérons qu'il n'en serait pas ainsi, si la fabrication des pièces de 5 francs d'argent venait, en dehors des contingents qui pourraient être fixés pour l'année prochaine, à être reprise; il n'en serait pas ainsi non plus, si l'un des États de l'Union supprimait le cours légal des monnaies dont il s'agit, sans y substituer des engagements analogues à ceux de la Banque de France ou de la Banque nationale de Belgique, pour assurer le cours effectif des monnaies de payement des États de l'Union.

Il est, du reste, bien entendu que l'engagement que prend ici la Banque de France est, comme précédemment, subordonné à un engagement semblable de la Banque nationale de Belgique.

Veuillez, agréer, Monsieur le Ministre, l'expression de mes sentiments respectueux et dévoués.

Signé : Rouland.

ONZIÈME ET DERNIÈRE SÉANCE.

CONFÉRENCE MONÉTAIRE

ENTRE

LA BELGIQUE, LA FRANCE, LA GRÈCE, L'ITALIE ET LA SUISSE

EN 1878.

11ᵉ ET DERNIÈRE SÉANCE.

MARDI 5 NOVEMBRE 1878.

PRÉSIDENCE DE M. LÉON SAY.

Étaient présents MM. les Délégués

de la Belgique,

de la France,

de la Grèce,

de l'Italie

et de la Suisse,

qui assistaient à la réunion d'hier.

La séance est ouverte à une heure et demie.

M. LE PRÉSIDENT présente les pleins pouvoirs qui autorisent les Délégués français à signer la convention au nom de la France. Il prie, en même temps, MM. les Plénipotentiaires des autres États de vouloir bien remettre également les pouvoirs qu'ils ont reçus de leurs Gouvernements respectifs.

Après examen des pleins pouvoirs, trouvés en bonne et due forme, il est procédé au collationnement et à la signature de la Convention, de l'Arrangement annexe, du Protocole et de la Déclaration relative à la fabrication de l'argent pendant l'année 1879.

Avant que la Conférence se sépare, M. FEER-HERZOG tient à se prévaloir de sa qualité de doyen des Plénipotentiaires délégués pour remercier chaleureusement M. Léon SAY, l'éminent Président de cette assemblée, de ce qu'il a bien voulu en diriger les travaux.

La haute autorité officielle de M. le Ministre des finances et sa compétence toute spéciale en matière monétaire ont beaucoup contribué, dit-il, à l'heureuse issue des négociations, et la bienveillance qu'il a témoignée à ses collègues restera, pour eux, l'un des meilleurs souvenirs de leur mission.

L'Union latine, ajoute M. le Délégué de la Suisse, vient d'être renouvelée et affermie. Les Gouvernements et les populations apprendront, sans aucun doute, avec satisfaction, que les cinq États ne doivent pas cesser d'être unis par le lien d'une circulation monétaire commune, et l'on peut espérer que cette Union, établie entre eux sous le rapport des monnaies, continuera à exercer une heureuse influence sur leurs relations politiques et commerciales.

M. Feer-Herzog remercie ensuite MM. les Secrétaires du concours efficace qu'ils ont prêté aux travaux de la Conférence.

La Conférence s'associe, unanimement, aux sentiments exprimés par M. Feer-Herzog.

M. LE PRÉSIDENT dit qu'il est fier de recueillir, de la bouche d'un savant aussi distingué, aussi compétent en matière économique et monétaire que l'honorable M. Feer-Herzog, les paroles flatteuses qu'il a prononcées et auxquelles tous ses collègues ont bien voulu s'associer. Il se félicite hautement de ce que, par les soins de la Conférence qu'il a eu l'honneur de présider, l'Union monétaire des cinq États, grâce aux modifications apportées au contrat qui lui sert de base, se trouve maintenue et consolidée.

M. LE PRÉSIDENT prononce ensuite la clôture des travaux de la Conférence, et la séance est levée à trois heures moins un quart.

Le Président,

Signé : LÉON SAY.

Les Secrétaires,

Signé : ERNEST CRAMPON.

HENRI JAGERSCHMIDT.

TABLE DES MATIÈRES.